NOUMENON

Atem des Absoluten

Dialoge mit Mooji

Das Manifeste und Nichtmanifeste sind eins

Übersetzung Daniel Herbst

Herausgegeben von
Manjusri und Zenji

Titel der Originalausgabe
© 2010 MOOJI
Breath of the Absolute
erschienen bei
©Yogi Impressions Ltd., Mumbai, Indien

MOOJI
Atem des Absoluten – Dialoge mit Mooji
©NOUMENON-VERLAG
Daniel Herbst, Hamburg
www.noumenon-verlag.de

Umschlagillustration
und alle Zeichnungen:
MOOJI
Umschlaggestaltung:
Jyoti Graziano, Priya Mehta, Asta*art*
Lektorat: Zenji
Korrektur: Ingrid Paproth
Druck und Bindung:
Ebner & Spiegel, Ulm

Deutsche Erstausgabe
1. Auflage 2012
ISBN 978-3-941973-10-7

Hergestellt in Deutschland

Inhaltsverzeichnis

Du musst nicht verstehen.
Etwas geht tiefer
als das gewöhnliche Verstehen.

Das ist die Gegenwart der Gnade selbst.
Niemand kann Gnade verstehen.
Du kannst nur sagen:
„Danke. Danke. Danke,
dass du mich aufgelesen hast,
und dass du mich verbrennst!“

Kampfer brennt;
er hinterlässt keine Rückstände.
Auch diese Verbrennung wird
keine Rückstände hinterlassen.

[Stille]

Das Gebet lautet: Lass nichts unverbrannt.

Der ultimative Zustand
Höchster Befreiung
ist die eigene wahre Natur.

Sie ist immer erreicht.

Dies wissend, sei still.

~ Sri Ramana Maharshi

Bhagavan Sri Ramana Maharshi

Der Weise vom Arunachala
Guru von Sri Poonja

Du bist das Eine,
das sich des Gewahrseins
der Objekte und Vorstellungen
gewahr ist.

Du bist das Eine,
das sogar stiller ist
als Gewahrsein.

Du bist das Leben,
das dem Konzept von Leben vorausgeht.

Deine Natur ist Stille
und sie ist nicht erreichbar.

Sie Ist immer.

~ Papaji

Sri Harilal Poonja

Geliebter ‚Papaji'

Niederwerfungen zu Füßen meines Meisters

der Verkörperung von Gnade, Weisheit und Liebe,
dem Licht, dessen Gegenwart
alle Zweifel und Illusionen vertreibt,
somit der Verstand
in seinem ursprünglichen Zustand gründet
– dem ungeborenen Gewahrsein.

VORWORT

Die Herausgeber werfen sich
vor dieser unfassbaren Macht nieder,
die die Wahrheit ist,
und die sie durch Mooji erfahren durften,
den sie als dieselbe ewige Wahrheit betrachten,
die niemals kommt oder geht,
und immer verlässlich und ungehindert
im Herzen von allem leuchtet!

Soweit die Erinnerung zurückreicht, wurde das Leben lediglich als die Gesamtheit der auf den Verstand und den Körper beruhenden Erfahrungen betrachtet – bevor Mooji hinzukam. Unser Verstand hatte das Selbst mit dem Umfang des Körpers gleichgesetzt. Erfahrung auf Erfahrung wurde zusammengeschnürt, um eine einmalige Lebensgeschichte zu bilden. Einige Episoden der kumulierten Geschichte in unserem Leben waren angenehm und ließen uns nach Zugabe betteln, während andere so unangenehm waren, dass sie in die Dunkelheit des Unbewussten verbannt wurden, mit der Anordnung, nie wieder das Licht des Tages zu erblicken – als ob das wirklich möglich wäre.
Diese Einstellung war nicht nur uns vorbehalten. Im Gegenteil, sie ist endemisch und auf unschuldige Unwissenheit zurückzuführen. Dem Leben so zu begegnen, kann irgendwann einmal vernünftig erscheinen, aber, wie Mooji aufzeigt, hat es einen dramati-

schen und ungünstigen Einfluss auf unsere Lebensqualität, sowohl im Innern des Körpers als auch auf die Art und Weise, wie die Außenwelt empfunden wird. Die menschliche Angewohnheit auf Erfahrungen ausgerichtet zu sein und diese kontrollieren zu wollen steht mit dem Leid, das die Menschheit erfährt, in direktem Zusammenhang. Die Strategie, die Erfahrungswelt auf Gutes und Böses hin zu untersuchen, um dann das Angenehme herauszufiltern oder alles zu manipulieren, das als nicht wünschenswert erfahren wird, hat im Laufe der Zeit zur Folge gehabt, dass wir ein Bild über uns als Personen erschaffen haben. Wir haben angefangen, an ein „ich"-Empfinden zu glauben, das als Individuum in einem Körper eingeschlossen ist und uns damit identifiziert, und wir können uns nicht einmal mehr daran erinnern, wann das alles begann. Dieses Verzeichnis wünschenswerter und nicht wünschenswerter Erfahrungen, zusammen mit der Vorstellung, das Verzeichnis in Händen zu haben, wirkt wie ein Film, durch den sich die Kraft und das Licht des Bewusstseins projizieren. Dadurch erscheint unsere Welt, mit uns als bewegtem Teil darin. Diese Welt, die einem Film oder einem Traum ähnelt – worauf Shakespeare so weisheitsvoll hinwies –, ist eine große und vertraute Bühne, auf der wir als unabhängige Schauspieler das Leben, wie wir es kennen und für unser eigenes halten, ausagieren. Sich selbst verstärkend, erscheint die Art und Weise, wie wir uns selbst erfahren weiterhin überaus wirklich, bis wir anfangen, sie in Frage zu stellen.

Dieses Buch hat die Absicht, wenn es überhaupt eine gibt, die Saat für dich zu säen, damit du beginnst,

deine Annahmen über dich und das Leben in Frage zu stellen; und auch alles zu unterstützen, was sich von dieser natürlichen Neigung bereits in dir zeigt, damit es voll erblühen kann und zum letztendlichen Schluss führt, der in der Erkenntnis liegt, dass du eins mit der Wahrheit bist, auf die Mooji hinweist.
Jedes Kapitel beruht auf einem Dialog, der sich während eines Satsangs, den Mooji in den vergangen Jahren am Fuße des heiligen Berges Arunachala gehalten hat, entfaltete. Bhagavan Sri Ramana Maharshi, der Arunachala als seinen eigenen Satguru verehrte und betrachtete, ist selbst der Guru von Moojis Meister, dem hochverehrten Sri H.W.L. Poonja oder Papaji, wie er von seinen eigenen Anhängern liebevoll genannt wird und von vielen aufrichtigen Wahrheitssuchern, die Papaji durch Moojis Präsenz getroffen haben.
Wir widmen die Seiten dieses Buches der Wahrheit, die wir lieben, in Dankbarkeit und Freude für all die Segnungen, die wir erfahren haben. Durch das bloße Trinken von der Urquelle des Ursprungs-Bewusstseins, dem Moojis Worte entspringen, werden wir beständig, mit unleugbarer Kraft und Präzision, auf uns selbst als formlose Wirklichkeit zurückgeführt.
Unsere Dankbarkeit gegenüber Mooji kennt keine Grenzen, da er uns seine Worte anvertraut hat und uns das Privileg erteilte, seine Äußerungen zu erwägen, damit die Wahrheit, wie sie durch ihn gesprochen wird, für den Druck aufbereitet werden konnte. Diese Arbeit fühlt sich für uns so an, als würden wir in die heilige Herzkammer unseres Meisters eintreten, und wir lieben es so sehr.

Möge dieses Buch in dir Früchte tragen, geliebter Leser, indem es dich dazu inspiriert nachzusinnen, ohne darüber nachzudenken, was in jedem Kapitel mitgeteilt wird, damit dich die Wahrheit, die bereits Ist, von Innen her küsst und sich selbst als die formlose, ewiglich strahlende Präsenz offenbart, in der und durch die deine Form und das ganze Universum tanzen.

Die Herausgeber

EINLEITUNG

Atem des Absoluten ist eine Sammlung von Dialogen zwischen Mooji und aufrichtigen Wahrheitssuchenden, die in den Wintermonaten der letzten Jahre am Arunachala, dem heiligen Berg in der Nähe der südindischen Stadt Tiruvannamalai, stattgefunden haben.

Das Thema aller von Mooji geführten Gespräche ist dein eigenes Selbst, da bildet dieses Buch keine Ausnahme. Wie ein warmherziger, liebevoller Vater, verwendet er Worte, als wären sie Seife, um damit falsche Annahmen und Vermutungen wegzuwaschen, die uns in einer von uns selbst erschaffenen Welt gefangen halten. Bevor wir Mooji beim Wort nehmen und das untersuchen, was wir zu wissen glauben, sind wir uns vielleicht noch nicht einmal bewusst, dass wir die Erschaffer unseres eigenen Leidens sind. Das soll nicht heißen, dass die Suche nach Wahrheit etwas anderes als sich selbst zum Ziel hat.

Mooji weisst auf das folgende hin: Wir existieren; jeder von uns weiß das bereits als eine Tatsache. Neu und erfrischend an seiner Einladung ist jedoch, dass wir folgende ergreifende Frage erwägen: Als was existieren wir?

Selbst wenn diese Frage angefangen hat uns anzuregen, lässt uns unsere Neigung, dem Verstand zuzuhören und ihm glauben zu schenken, weiterhin daran festhalten, dass wir es in der Hand haben, unser Selbst zu erschaffen und zu erreichen.

Die Offenlegung dessen, wer wir in Wahrheit sind, verlangt von uns nichts weiter als unsere Bereitschaft, die uns vertrauten Gedanken näher anzuschauen und zu hinterfragen. Die Entdeckung ist unmittelbar und bedarf keiner Vorkenntnisse. Tatsächlich ist es aufgrund des erworbenen Wissens und unseres Glaubens in es, dass uns diese einfache Wahrheit über unsere Existenz verdeckt und unzugänglich vorkommt.
Mooji will dich davon abhalten, das Buch so zu lesen, als ob es ein Lehrbuch sei. Er traut dem Lernen als Mittel zum Erkennen der Wahrheit nicht. Der Fokus seiner weisheitsvollen Worte, die du auf den folgenden Seiten schwarz auf weiß wiederfindest, besteht letztlich nur darin, in dir die Entschlossenheit zu erwecken, um die empfohlene Untersuchung auszuführen. Folglich ist dieses Buch nicht dazu da, in einem Zug durchgelesen zu werden oder in der Reihenfolge der Kapitel. Schlage ein Kapitel auf das dich anzieht und lese, was dort steht, Absatz für Absatz. Folge nicht einfach der Gewohnheit, ein Kapitel auf einmal ganz durchzulesen. Das Hauptanliegen ist, dass du im Inneren deines eigenen Herzens darüber nachsinnst, was hier mit dir (mit)geteilt wird, ohne daraus eine Hausaufgabe zu machen. Dieser Ansatz wird durch die kurzgehaltenen Kapitel unterstützt, die in sich selbst abgeschlossen und in keiner bestimmten Reihenfolge angeordnet sind. In anderen Worten: Die Darlegung des Materials geht von keinerlei Fortschritt aus.
Vergiss nicht, dass Moojis Hinweise an das Bewusstsein gerichtet sind. Also überlasse es dem Bewusstsein, es umzusetzen. Wenn die Fragen und die

gegebenen Anweisungen nicht mit Freude im Herzen umarmt werden, dann ist das ein klarer Hinweis dafür, dass der Verstand sich eingemischt hat. Wenn das passiert, bedeutet das nicht, dass du es falsch machst. Glaube nicht an irgendwelche Erfolge oder Misserfolge, beide sind nichts weiter als Ideen, die im und als Verstand auftauchen. Mooji würde sagen, dass du immer noch hier bist, gegenwärtig als der unbeteiligte und neutrale Beobachter der Erscheinung von Erfolg oder Misserfolg.

Gib nicht auf! Am Anfang kann es sich so anfühlen, als ob du beim Armdrücken wärest. Aber letztendlich wird deine Entschlossenheit dazu führen, dass sich der Verstand geschlagen gibt und so wird sich dir die Wahrheit, die schon immer hier gewesen ist, ganz bestimmt wieder als dein wahres Selbst offenbaren. Wie könnte es anders sein? Moojis zentrale Botschaft ist, dass du das Selbst bist und es schon immer warst, selbst wenn diese Erkenntnis in dir noch auf sich warten lässt!

Obwohl wir gesagt haben, dass es keiner Vorkenntnisse bedarf, verwendet Mooji natürlich Konzepte, um dich auf dein eigenes Selbst jenseits aller Konzepte hinzuweisen. Das mag dir wie ein Widerspruch erscheinen. Begriffe wie das Absolute, Gewahrsein, Bewusstsein, Existenz, Selbst und Wahrheit werden häufig benutzt, um dir den Weg Heim zu weisen. Es ist die Erfahrung der Herausgeber, dass keines dieser Worte einer Definition bedarf, um verstanden zu werden. In jedem von uns ist eine Fähigkeit lebendig, die mit Moojis Konzepten umzugehen versteht. Das Bewusstsein wird durch deine eigene Selbsterkenntnis nach und nach die wahre Bedeutung

preisgeben, obwohl wir noch einmal hervorheben müssen, dass das Verstehen der Konzepte keine Voraussetzung dafür ist, dass Selbstkenntnis in ihrer Vollständigkeit zum Vorschein kommen kann.
Diese Hinweise sind kein enges System, in dem die Wahrheit enthalten ist. Wahrheit hat keine Struktur und kann durch kein Konzept erfasst werden. Sie ist formlos, jenseits allen gedanklichen Verstehens und geht ihm gleichzeitig voraus. Worte, die dieser Quelle unmittelbar entspringen – durch jemanden, der vom Ego befreit ist – besitzen ihr eigenes Leben und ihre eigene Kraft. Es ergibt sich eine eher energetische Übertragung, als ein begriffliches Verstehen. Deshalb höre nicht auf vorgefasste Bedeutungen, die die Worte für dich tragen, höre stattdessen darauf, wo diese Worte herkommen und wo sie in dir empfangen werden, weil das der Ort ist, auf den sie hinzielen.
Ebenso betont Mooji immer wieder, dass er als reines Bewusstsein zu reinem Bewusstsein spricht. Das ist auch dann wahr, wenn Anmerkungen in Hinblick auf das Relative gemacht werden, wenn es z. B. um „Anstrengung" und „Verantwortung" geht. Das Bewusstsein „Ich Bin" ist wie eine Schiebeleiste, an dessen einem Ende das „Ich Bin" das reine, unberührte und unbefleckte Bewusstsein ist, das mit keinerlei wahrgenommenen Objekten in der Manifestation identifiziert ist. Und am entgegengesetzten Ende ist dasselbe Bewusstsein an die Identifikation mit seinen eigenen Projektionen verloren – den egoistischen Verstand (siehe Kapitel „Schlafen, während man hellwach ist"). Das „Ich Bin" kann an jedem Punkt der Schiebeleiste angesprochen werden. Als

der Manifestation unterliegendes, nonduales Substrat, ist alles im Bewusstsein enthalten und geht daraus hervor. Deshalb ist derjenige, der angesprochen wird, immer Bewusstsein selbst.

Ein Hinweis der Herausgeber zur unterschiedlichen Schreibweise bestimmter Begriffe: Die Bedeutung eines bestimmten Begriffs ist identisch, egal ob er groß- oder kleingeschrieben ist. Zur zusätzlichen Unterscheidung schreiben wir einen Begriff groß, wenn er direkt auf das höchste Verstehen der nondualen Natur oder der Einheit des Seins hinweist, wohingegen seine kleingeschriebene Variante auf seine gewöhnliche Verwendung hinweist. Diese Unterscheidung sollte dich jedoch nicht von der Hauptaussage ablenken. Solche Unterscheidungen werden nicht vermittelt, wenn Mooji spricht und dennoch ergibt sich derselbe Gewinn.

Wir laden dich nun ganz herzlich ein, deine volle Aufmerksamkeit auf Mooji und deinem eigenen Selbst ruhen zu lassen!

Die Herausgeber

ADVAITA – DER PFADLOSE PFAD

Dein eigener Meister, Papaji, wird oft als Advaita Meister bezeichnet. Sri Ramana Maharshi, Papajis Guru, wird von vielen zugeschrieben, diese uralte, nonduale Philosophie in der Neuzeit (wieder)belebt zu haben. Darf ich dich fragen, worum es bei Advaita überhaupt geht?

Bei Advaita geht es um Dich; darum, wer oder was du bist. Die große Anziehungskraft von Advaita besteht darin, dass du keinerlei religiösen Hintergrund brauchst. Du musst an überhaupt nichts glauben. Menschen jeder Herkunft kommen zum Advaita und sind willkommen. Es bedarf der Sehnsucht im Herzen, sich selbst zu kennen oder frei von Leid zu sein, um die Wahrheit zu erkennen, auf die diese uralte und anwendbare Philosophie hinweist.
Advaita ist direkt, indem es unmittelbar auf die Wahrheit zeigt, vom ersten Moment an. Zuerst zeigt es auf, dass du vollkommen bist, so, wie du bist; dann fängt es an, dich aus dem Leiden herauszuführen.
Es gibt keinen Pfad. Das ist die letztendliche Wahrheit. Während sich dieses Verständnis vertieft, kommt es zu einer großen Entlastung. Hier wird dir nicht gesagt, dass du für diese Reise geeignet sein musst; dass du täglich meditieren musst, dich verpflichten oder stark sein musst. Diese Art von Empfehlungen tun nichts, außer dir Aufgaben vorzusetzen, bevor du auch nur mit deinen Nachforschungen

begonnen hast. Das Nichtvorhandensein jeglicher spiritueller Praxis im Advaita ist der hauptsächliche Unterschied, wenn man es mit vielen anderen Wegen vergleicht, die von der Annahme ausgehen, dass du dein Verstand bist, dass du gebunden bist und etwas tun musst, um frei zu werden. Advaita zeigt dir von Anfang an, dass derjenige, der du wirklich bist, schon immer frei gewesen ist. Du wirst direkt auf die ewig-vollkommene und unveränderliche Wirklichkeit des Seins hingewiesen – den Kern deines Selbst. Zuerst entdecke die Wahrheit, dann tue, was deinem Herzen gefällt.

Dann gibt es im Advaita wirklich sehr viel Freiheit.

Da gibt es nicht nur viel Freiheit, da ist *totale* Freiheit. Warum? Weil Advaita darauf hinweist, dass Freiheit nichts ist, was du dir verdienen kannst. Freiheit ist, was du bist.

Wie wird dann in dieser Freiheit auf Emotionen geschaut, und wie wird mit ihnen umgegangen?

Emotionen sind nur Ausdruck des universellen Seins. Alles, nicht nur Emotionen, sondern jede Handlung, jeder Gedanke, jede Bewegung; alles ist eingeschlossen in diesem wunderbaren Ausdruck des Seins. Advaita konzentriert sich nicht darauf, eine bestimmte Bewegung zu interpretieren. Diesem „Spiel der Wellen“ wird wenig Aufmerksamkeit oder Wichtigkeit geschenkt. Emotionen wird Raum gegeben, sich auszudrücken, sich in ihrem Ausdruck zu

erschöpfen und wieder Frieden im Inneren des Seins zu finden.
Die Gegenwart und das Spiel der Emotionen sind kein Maßstab für das reine Gewahrsein, das du bist. Derjenige, der zur Wahrheit erwacht ist, ist nicht länger mit Objekten, Gedanken, Personen oder Emotionen identifiziert. Er erleidet keine Enttäuschung, da er frei von Erwartungen ist. Er ist eins mit dem natürlichen Fluss der Manifestation, mit dem natürlichen Tanz der kosmischen Energie, so, wie sie in seinem Körper erscheint. Auch wenn sich Konditionierungen noch manifestieren können, gibt es keine innere Verbindung zu ihnen. Somit bleibt er natürlicherweise frei. Ohne Identifikation mit dem persönlichen Gedächtnis, löst sich der ganze Lärm der Konditionierung auf. Selbst das Konzept von Konditionierung, als bloßer Gedanke erkannt, schwindet mit der Zeit allmählich dahin.

Yoga und Meditation bilden meinen Hintergrund. In Satsang zu sein und über Advaita zu lesen verwirrt mich irgendwie.

Das ist natürlich. Der Verstand ist verwirrt, weil der Verstand immer versucht, zu erfassen, zu verstehen, das Gefühl zu haben „ich weiß das", „ich verstehe das", „ich weiß, wo ich hingehe". Der Verstand befindet sich sehr stark in einer linear fortschreitenden Projektion. Wenn er also von etwas so Einfachem wie der Nondualität getroffen wird, wo es nirgendwo „hinzugehen" gilt, wo es nichts zu „erfassen" gibt, dann wird der konditionierte Verstand sehr verwirrt, wirklich sehr verwirrt.

Also ist es eigentlich ziemlich einfach.

Es ist sogar einfacher als einfach. Einfach setzt voraus, dass es etwas zu tun gibt, das nicht schwierig ist, aber Das existiert sogar bevor die Idee, dass es einfach ist, gedacht wird. Es wird als schwierig erfahren, weil du die Vorstellung nicht aus dem Kopf kriegen kannst, dass du gebunden bist.
Zahllose Konzepte werden vom Verstand aufgegriffen und indem wir uns an diese Unwahrheiten klammern, ersticken wir unsere Spontaneität, die Erkenntnis unseres innewohnenden Seins. Deshalb ist es der Verstand, der sagt: „Ich verstehe nicht!“ Wie kann der Verstand vollkommene Einfachheit verstehen, wenn es seiner Natur entspricht, das, was bereits natürlich ist, komplex darzustellen?

Was ist Selbst-Erforschung?

Selbst-Erforschung ist der Spiegel, in dem sich das Ewige selbst erkennt. Durch das Schauen mithilfe dieses Spiegels wirst du unmittelbar wissen, wer du wirklich bist; nicht wer dein Körper ist, nicht wer du zu sein glaubst oder wer du nach Meinung anderer bist; nein, durch dieses Schauen offenbart sich eine direkte, non-duale Wahrnehmung deines Selbst.
Dein Selbst ist kein Objekt. Wie kann der Verstand das finden oder erreichen, was kein Objekt ist? Ich spreche nicht nur von physischen Objekten. Ein Gedanke ist genauso ein Objekt der Wahrnehmung wie jeder materielle Gegenstand, und so verhält es sich auch mit Gefühlen, Vorstellungen, Erinnerungen und Empfindungen. Kurz gesagt, alle Phänomene sind

Objekte. Der Verstand ist daran gewöhnt, Phänomene zu interpretieren und zu (be)messen. Wie kann der Verstand also das entdecken, was sich der Phänomene gewahr ist, dein eigenes Selbst – die eine Wirklichkeit?
Du bist dir all dessen gewahr, was vor dir auf der Leinwand des Bewusstseins erscheint. Wo ist die Welt ohne dich? Wo und was sind Gedanken ohne dich, denjenigen, der sie wahrnimmt? Wo sind Erfahrungen ohne dich, denjenigen, der sie wahrnimmt? Du bist die Wurzel und Quelle jeder Erfahrung. Es kann ohne dich keine Erfahrung geben.

Mir ist gesagt worden, dass Advaita Vedanta die höchste spirituelle Lehre ist.

Advaita ist wirklich und wahrhaftig keine Lehre. Ich würde es nicht als Lehre bezeichnen. Eine Lehre erfordert jemanden, der lernt und erlernt. Advaita kommt gleich zum Punkt und fragt: „Wer ist es, der lernen will? Kannst du erlernen, ‚du' zu sein?"

Immer mehr Menschen suchen nach Freiheit, denke ich.

Um ehrlich zu sein, ich habe auch einmal dasselbe geglaubt, aber dann sah ich, dass die meisten Menschen nach der Erfüllung ihrer Projektionen suchen. Dass sie in Wirklichkeit in ihrem Verstand sind und der Verstand nur vorgibt, Freiheit zu wollen. In Wirklichkeit will der Verstand überhaupt keine Freiheit. Es ist das Letzte, was er will, weil Freiheit den konditionierten Verstand umbringt. Aber ja, es gibt eine wachsende Anziehungskraft hin zur spirituellen Entdeckung. Das ist eine gute Sache, auch wenn man anfänglich auf Umwegen beginnt. Du bist im Boot. Es mag sein, dass du von einem Floß auf ein Luftkissenboot wechselst und als nächstes auf ein Schiff, aber es ist trotzdem gut – obwohl du nicht *im* Wasser bist, bist du zumindest *auf* dem Wasser. Aber ich kümmere mich nicht um die ganze Aufregung über den großen Wandel im universellen Bewusstsein, der gerade im Gange sein soll, weil es viele Missverständnisse darüber gibt, was Wahrheit eigentlich bedeutet und Ist. Für die Wahrheit musst du dich selbst beiseite lassen und dich von allen Projektionen, Konditionierungen und Konzepten entkleiden, und wenn du dann vollkommen entkleidet bist, greifst du keine Neuen auf, du bleibst nackt.

Kann Advaita helfen, eine bessere Welt zu erschaffen?

Wenn du frei vom hypnotischen Einfluss deiner eigenen Konzepte, den Konditionierungen und selbstsüchtigen Projektionen deines Verstandes bist, dann stehst du deinem eigenen Selbst wirklich zur Verfügung. Dann wird es keine innere einschränkende Energie geben oder das Bedürfnis, andere zu manipulieren, um deine Projektionen zu befriedigen. Irgendwie ist deine Umwelt automatisch von deiner Präsenz angehoben. Genauso, wie Bäume uns mit Sauerstoff zum Atmen versorgen, wofür sich keiner bei ihnen bedankt, strahlen Menschen, die zur Wahrheit erwacht sind, tiefen Frieden, Verbundenheit und Liebe aus, ohne sich darum bewusst zu bemühen.

Frieden ist die ihnen eigene Wesensart. Es gibt ein Sprichwort: „Wenn ich einen Laib Brot habe und dir die Hälfte gebe, bleibt mir eine Hälfte, aber wenn ich dir all mein Wissen und all meine Liebe gebe, dann habe ich immer noch all mein Wissen und all meine Liebe.“ Und das ist es, worum es beim (Mit)teilen der Wahrheit geht. Du teilst keine Objekte mit (jemandem), es ist das Anteilnehmen am Subjekt, und das Subjekt kann nicht geteilt werden. Du bist Das.
Um also deine Frage zu beantworten, ob Advaita, was wahres Verständnis und Erfahrung der Wahrheit bedeutet, der Welt helfen kann? Natürlich kann es das! Sogar mit deiner bloßen Suche nach Wahrheit hilfst du nicht nur dir selbst, sondern dadurch wird automatisch auch anderen Wesen geholfen. Wenn dein Verstand der Rechtschaffenheit, dem Frieden zugewandt ist, wird es gleichzeitig ein Streben geben, Hass, Angst und Verlangen, die alle Formen von Unwissenheit sind, zu entfernen. Dein Suchen ist heilig, weil du dein Gesicht der Wahrheit zuwendest und Menschen werden von dieser Wahrheit angezogen, die ein anderer Name dafür ist, wer wir sind.

Ein verhungernder Mensch
ist nicht an Nahrung „interessiert“,
noch ist ein Ertrinkender
an Luft „interessiert“.

Für jemanden, der sich nach Befreiung sehnt,
ist Selbsterkenntnis kein Interesse.

Sie ist unerlässlich.

Die Zeitbombe tickt

Das, was du bist, ist so einfach – sogar einfacher als einfach. Bestätige das in dir selbst und wisse es zutiefst. Das wird allem Leid und allem Unsinn ein Ende bereiten. Du kannst das tun! Ich weiß das aus eigener Erfahrung! Es ist meine eigene Entdeckung, die ich mit dir teile. Deshalb kann ich dich nicht auf Umwegen nach Hause schicken. Die Entdeckung deines eigenen Selbst ist unmittelbar und augenblicklich und das ist es, was ich dir zeige. Verschwende keine Zeit. Finde heraus: Was ist die Essenz dessen, was du dich selbst nennst? Wenn du es auf den Punkt bringst, auf was schaust du da?

Für mich selbst fand ich heraus, dass so zu schauen nicht nur keiner großartigen Disziplin bedurfte, sondern wichtiger noch, es brachte zum Vorschein, dass es keine Distanz zu überwinden gilt, um zu sein und das Selbst zu kennen.

Es bedarf nur eines Dranges in dir, um das herauszufinden. Du bist dafür nicht einmal verantwortlich. Es ist wie eine Zeitbombe, die tickt. Diese Zeitbombe wird dadurch ausgelöst, dass du der Wahrheit ausgesetzt wirst, die hier mit dir geteilt wird. Nicht jeder ist in der Lage oder willens, direkt auf das zu schauen, was er ist, indem er die meist gehegte aller Annahmen infrage stellt: „Ich".

Wie paradox, dass es so schwer zu sein scheint herauszufinden, wer du in Wahrheit bist. Der Verstand kann eine so unglaubliche Täuschung erfinden – eine unglaubliche Illusion, eine sagenhafte Täuschung.

Wie sonst kann man erklären, warum Das, was am offensichtlichsten ist, so offensichtlich verfehlt wird?

Der „Masterkey“

Ich spüre einfach, dass es etwas Tieferes geben muss, das unabhängig von allen Stimmungen ist und von allem, was passiert!

Es gibt eine Zufriedenheit, die in keiner Weise vom oberflächlichen Spiel im Verstand, den Emotionen oder irgendeiner Empfindung, egal wie fein oder grob, betroffen ist. Diese Zufriedenheit ist nicht „über“ etwas Bestimmtes und deshalb ist es unmöglich, darüber Gewalt zu haben. Sie ist Selbst-zufrieden, Selbst-leuchtend, Selbst-erfüllt. In der Glückseligkeit ihrer eigenen Existenz versunken, greift sie nicht nach dem „anderen“, um sich selbst zu erfüllen.
Aus dieser Zufriedenheit erscheint und spielt das gesamte Universum. Teil des Spiels ist die Unzufriedenheit, die du aufgrund der flüchtigen Beschaffenheit des ego-basierten Vergnügens verspürst, des ständigen Wechsels von emotionalen Hochs und Tiefs, diesem unbeständigen Reich der in Beziehung stehenden Gegensätze ebenso, wie der Phänomene selbst.
Jeder hat dann und wann Frieden erfahren, aber er ist nie geblieben. Während man als Entität identifiziert ist, das diesen vorübergehenden Zuständen unterliegt, gibt es eine deutliche Vorliebe für Zustände, die als Frieden und Glück erfahren werden und eine Vermeidung solcher, die nicht so angenehm sind, weißt du?

Wir bringen so viel Energie auf, das Rad des positiven Denkens, der Selbstentwicklung, des Selbstverstehens, der Selbstverbesserung am Laufen zu halten und glauben, durch all die Anstrengungen ein beständiges Reich der Freude erreichen und bewahren zu können. Es bedarf erheblicher Ressourcen des Körpers und des Verstandes, den Schwung beizubehalten. Und wenn du dich nur für kurze Zeit ausruhst, fängt es an, sich zurück zu entwickeln und du bist gezwungen, es wieder aufzunehmen und voranzutreiben. So drehst es sich immer weiter im Kreis umher. Mit deiner Vorstellung ständig auf einen imaginären Punkt in der Zukunft gerichtet oder einem Ideal im Kopf, wo das alles Enden wird; beides ist unmöglich zu erreichen.
Derjenige, der das Rad am Laufen hält, der praktiziert und sich verbessert, der manchmal enthusiastisch ist und manchmal nicht, der manchmal sehr glücklich und positiv dem Leben gegenüber und sich manchmal depressiv oder sogar selbstmordgefährdet fühlt; denjenigen würde ich gerne treffen. Denjenigen, der sich nach einer tieferen Ebene von Zufriedenheit sehnt, den Sucher des von Kummer unberührten Glücks, lass uns denjenigen treffen, heute noch! Denjenigen, der sagt: „Trotz der vielen Jahre des Übens habe ich den Zustand des mühlelosen Gleichgewichts nicht erreicht." Kannst du denjenigen finden?
Diese Frage ist der „Masterkey"!

Ich glaube, dass in Ramanas Höhle Kraft liegt …

In deiner eigenen Höhle liegt Kraft.
Du musst in der Höhle
deines eigenen Herzens sitzen.
Ramana ist auch da.

Wenn das Selbst gesehen wird

Sri Ramana Maharshi sagt, dass wenn du im Selbst verbleibst, das Selbst gesehen wird und die Welt nicht gesehen wird. Wenn die Welt gesehen wird, wird das Selbst nicht gesehen. Ich sehe ganz eindeutig die Welt, wie kannst du dann darauf beharren, dass das Selbst immer hier ist?

Das ist eine wunderbare und ausgezeichnete Frage, denn solange das für dich ungelöst bleibt, wird eine Angst im Hintergrund lauern, um dich mit Zweifeln wie diesen zu belästigen: „Wer will das Selbst sein, auch wenn es wunderbar ist, wenn es keine Welt gibt?“ oder „Wenn ich mein Selbst vollkommen verwirkliche, wird meine Familie nicht mehr existieren. Will ich dieses Risiko eingehen?”

Um diese Frage anzugehen, lass uns folgendermaßen anfangen: Um die Welt wahrnehmen zu können, muss es einen interessierten Wahrnehmenden geben. Du glaubst, dass alle von uns dieselbe Welt sehen. Aber das stimmt nicht. Tatsächlich nimmt jeder von uns eine Welt wahr, die einzig in ihrer Art ist. In jedem Körper-Verstand-Mechanismus findet ein einmaliger Traum statt. Was meine ich mit Traum? Damit meine ich, dass du die Welt nicht wirklich siehst, wie sie ist. Du siehst die Welt so, wie es deine Konditionierung erlaubt. Lass mich dir ein einfaches Beispiel aus dem alltäglichen Leben geben. Wenn du einen VW Käfer hast und dieses Auto liebst, dann wirst du sofort bemerken, wenn es einen weiteren in

der Stadt gibt. Für dich wird er herausleuchten. Er kommt aufgrund deines Interesses in dein Bewusstsein. Bevor sich dieses Interesse in dir entwickelt hat, hast du diesem Autotyp überhaupt keine Aufmerksamkeit geschenkt. Du hättest diesen Autotyp selbst dann nicht gesehen, wenn er eine Million Mal an dir vorbeigefahren wäre. Ich bin mir sicher, dass du das weißt. Das veranschaulicht deine Tendenz zu sehen, was du zu sehen wünschst. Du siehst, worauf dich deine Konditionierung und deine Aufmerksamkeit lenken.
Wenn du denjenigen, der an einem Leben in der Welt interessiert ist, untersuchst und herausfindest, dass derjenige genauso sehr ein wahrgenommenes Phänomen ist, wie die „Welt", wird durch diese Entdeckung irgendwie das Selbst enthüllt. Wo sind im Augenblick dieses Erkennens deine Anhaftungen? Wo ist dein Verlangen? Wo sind deine Ängste? Wo ist dein Eigeninteresse? Alles ist weggeblasen.
Die Sinne funktionieren trotzdem weiter, die Eindrücke der Welt sind noch da, aber die Anhaftungen und die Ängste sind weg, weil derjenige, der sie erfahren würde, verschwunden ist. Du bist nun im Selbst. Das ist es, was Bhagavan meint, wenn er sagt: „Wenn du das Selbst bist, wird die Welt nicht gesehen."
Sri Ramana ist auch für diese wunderbare Äußerung bekannt:

Das Selbst allein ist wirklich.
Die Welt ist nicht wirklich.
Das Selbst ist die Welt.

Das rundet es wunderschön ab, weil Sri Ramana hier bestätigt, dass die materielle Manifestation, die in sich selbst unschuldig ist, nicht verschwindet; nur derjenige, der eine persönliche Beziehung zu dem, was gesehen wird, hergestellt hat, fällt weg. Wenn das geschieht, wird die Welt so gesehen, wie sie ist. Es gibt ein Sprichwort:

Ich sehe die Welt nicht, wie sie ist.
Ich sehe die Welt, wie ich bin.

Das heißt, dass die Welt, wie du sie siehst, widerspiegelt, wer du zu sein glaubst. Solange du es dem Verstand abkaufst, dass deine Konditionierung etwas mit dir zu tun hat, träumst du den Traum der Trennung, in dem du dich selbst als einen autonomen Spieler in der Welt erfährst, die du liebst und von der du nicht lassen willst. Wenn erkannt wird, dass die Konditionierung und der Scheinbare, der konditioniert ist, Vorstellungen sind, die im unkonditionierten Sein erscheinen – dem Selbst – endet dieser Traum, und Stille, Schönheit und Friede werden sich selbst offenbart. Das ist deine unmittelbare Erfahrung. Das ist deine direkte Erfahrung. Dafür braucht es keine Zeit!

[Stille]

Das Essentielle ist, dir darüber klar zu sein, was du bist,
indem du dir darüber klar bist, was du nicht bist.
Wenn sich diese Tür des Erkennens öffnet,
tritt Gnade ein.

Du bist vollkommen, wie du bist

Ich hatte die Erfahrung, ins Herz zu fallen und der Verstand hielt an. Ist es das, was du mit „still sein" meinst?

Es bedeutet, bis zu dem Punkt still zu sein, an dem du nicht einmal weißt, wer still ist! Nur Stille bleibt übrig, kein „du", das still ist. Wenn nur Stille zurückbleibt, wird „ich bin still" nicht da sein. Alles kommt zur Ruhe.
Der Verstand hat mit dieser Art von Erkundung große Schwierigkeiten, mit dieser Art der Entdeckung, weil er nicht stolz darauf sein kann. Du kehrst heim zu deiner eigenen Buddha-Natur, zu deinem eigenen Christus-Bewusstsein – in die vollkommene Stille. Diese Stille kann nicht erworben und nicht begriffen werden, weil es nichts gibt, dass von Ihr getrennt ist, um Sie zu erreichen. Du bist Das!

Manchmal fühlt es sich so an, als ob das kleine „ich" angegriffen wird.

Der Gedanke über dich selbst wird von anderen Gedanken angegriffen, alle sind von deinem Verstand erzeugt. Für oder gegen diese Stille kann der Verstand nichts tun, weil Ihr weder etwas hinzugefügt noch weggenommen werden kann. Jenseits der Möglichkeit und des Konzepts von Angriff bestehend, braucht weder die Stille verteidigt zu werden, noch braucht man sich vor ihr zu schützen. Sie ist voll-

kommen, wie sie Ist. Du bist vollkommen, wie du Bist. Nur wenn du dich von allem, was du nicht bist, gereinigt hast, wirst du die Angst vor der Existenz verlieren; dann wirst du als Existenz selbst tanzen.
Da ist das Bild von Atlas, dieser Figur, die nach vorn über gebeugt ist, mit der Welt auf ihrem Rücken. Eine andere Figur tanzt oben auf der Welt: Nataraj! Zwei Seiten eines Ausdrucks. Entweder kannst du die Welt auf dem Kopf lastend tragen, oder du tanzt. Du bist Nataraj oder Atlas. Du wählst.
Einige von euch sind zum letzen Mal hier. Du hast dich nicht der Freiheit auf Raten verschrieben; du gehst aufs Ganze. Eine Bereitschaft ist vorhanden, mit deinem ganzen Wesen einfach zu entdecken, was dein Verstand zu vermeiden versucht. Du kreierst keine eigene Art und Weise des Seins. Du bist, was du bist und du bist es jetzt! Aber du musst dich in Acht nehmen vor dem Gedanken, der dir das Gefühl vermittelt, dass du immer noch etwas tun musst, dass du immer noch wo hin musst. Weil du diese Art von Gedanken ohne Frage annimmst, wird deine Erfahrung die des Getrenntseins sein. Dann taucht ein subtiles Warten auf, aber worauf? Kommt die Realität von irgendwo her? Das Gefühl des Wartens verlängert die Illusion der Trennung.
Hör auf, ein Bild von dir selbst zu erschaffen oder festzuhalten; ein Bild von dir bist nicht du. Es ist eine subtile, aber kraftvolle Vorstellung im Verstand. Nicht jeder kann diese Worte gerade jetzt hören oder kann sehen, worauf sie hinweisen.
All die Worte weisen auf dich hin! Es gibt nichts, was du tun musst, um zu Sein.

Du musst das kosten!

Es muss in dir ein Verlangen geben, Selbst-Erforschung aufzugreifen und durchzuführen. Ich frage dich, warum willst du überhaupt irgendetwas wissen?

Weil es da immer noch eine Spur von „ich“ gibt und als ein „ich“ zu leben verursacht Unzufriedenheit.

Hast du das selbst herausgefunden oder hast du das gelernt?

Das ist, was ich empfinde.

Okay, du fühlst also: solange es „ich“ gibt, gibt es Unzufriedenheit. Für wen besteht diese Unzufriedenheit?

Es ist das „ich“ selbst, dass die Unzufriedenheit darstellt, es ist eine Begrenzung.

Was macht diese Beobachtung, dass das „ich“ selbst die Unzufriedenheit darstellt? Das sind deine Worte. Sag mir, für wen ist es unbefriedigend?
Jetzt sprechen wir über Tatsachen.
Du sagst also: Es wird beobachtet, dass Unzufriedenheit vorkommt, wo es ein „ich“ gibt. Was beschwert sich? Ist es das „ich“ oder etwas anderes?

Es muss das „ich“ sein.

Es muss das „ich“ sein. Wenn das „ich“ unzufrieden ist, bei wem wird sich das „ich“ beschweren? Also, ist das, was das unzufriedene „ich“ sieht, selbst unzufrieden? Ob da Zufriedenheit ist oder Unzufriedenheit, für wen sind sie da und was beobachtet das?

[Stille]

Dahinterzukommen wem alle Erfahrungen berichten, ist meiner Ansicht nach etwas, worüber man sich klar sein muss. Sonst verwendest du zwangsläufig viel Geld und Energie auf geringere Fragen und erkennst dabei nicht, dass du nichts anderes tust, als deine kostbaren Ressourcen zum Fenster rauszuwerfen. Also prüfe, wo hinein du investierst und schau, ob es das wert ist.

Wenn du fragst, wer weiß, dass das „ich“ Unzufriedenheit ist, kommt sofort die Antwort: Ich bin (es). Mit dieser Frage verlagert sich meine Aufmerksamkeit an den Ort, an dem nur Bewusstsein ist und da ist alles gut.

Schalte genau jetzt einen Gang runter! Wer oder was beobachtet sogar das Bewusstsein? Gehe ich zu weit, indem ich dich das frage?
Lass uns rekapitulieren: Du hast die Frage gestellt: „Wer ist dieses ‚ich‘, das an Unzufriedenheit leidet?“ Du hast berichtet, was du herausgefunden hast: Die Aufmerksamkeit geht vom Gegenstand der Frage weg – „ich“ – und fällt in das natürliche, intuitive Empfinden „Ich bin“. Wenn das passiert, verliert das unzufriedene „ich“ seine Unterscheidung und ver-

blasst in die Nichtexistenz. Alle Erfahrungen, die dem „ich“ bekannt sind, haben dasselbe Schicksal. Selbst wenn sich das persönliche „ich“ aufgelöst hat, bleibt weiterhin ein Empfinden von „Ich“ zurück. Dieses verbleibende „Ich“ ist unpersönlich. Wir nennen es um der Klarheit willen die Intuition „Ich Bin“. In der Gegenwart von „Ich Bin“ wird das verstörte „ich“, das persönliche „ich“, als nichts weiter als ein Gedanke gesehen.
Meine daran anschließende Frage ist: Kann dieses „Ich Bin“ beobachtet werden?

Es klingt für mich, als ob du möchtest, dass wir noch einen Schritt weiter gehen, wenn du fragst: „Wer ist sich des ‚Ich Bin‘ gewahr?“

Worauf ich hinweise ist etwas, was du bereits mit den Worten „Ich weiß, ich bin“ festgestellt hast. Du weißt, dass du bewusst bist und dass du durch das Bewusstsein erfährst. Bewusstsein und das Funktionieren des Bewusstseins sind wahrnehmbar und werden wahrgenommen. Wer ist der Wahrnehmende dieser großartigen Subtilität?

[Stille]

Jedes menschliche Wesen sollte das schmecken! Lass alles beiseite. Suche nach nichts, durch das du zu wissen glaubst. Deine Ausbildung wird das nicht unterstützen. Alles was du jemals gelesen und gelernt hast, lass alles sein. Lass alles sein und sei allein. Lass alles beiseite, bis da etwas ist, das nicht beiseite gelassen werden kann und dann sprich von diesem Ort aus. Sprich, wenn du eine Disharmonie finden kannst, wenn etwas fehlt. Kenne diesen Ort, diesen ort-losen Ort. Sei dort bestätigt, dann kannst du dich in der Existenz überallhin bewegen und wirst nirgendwo belastet sein. Entkleide dich aller Konzepte, die du aufgelesen hast. Hab genügend Mut, vollkommen alleine zu stehen und sieh nach, ob es noch irgendwelche ausstehende Fragen gibt.

Kannst du sehen, dass alles Gedanke ist? Alles ist Gedanke! Selbst das großartigste Etwas ist ein Gedanke. Gedanken können ohne dich nicht existieren. Du bist ihr Zeuge. Du bist ihr Abnehmer. Du bist ihr Auftraggeber. Sie sind dir unterstellt und erstatten dir Bericht. Wer bist du? Du musst Das kosten!

Der menschliche Körper ist ein großes Privileg, weil er es uns erlaubt, diese Fragen zu stellen. Keine andere Spezies hat die Fähigkeit der Selbst-Erforschung, aber du hast sie, und du hast die Fähigkeit, es mit Gewissheit herauszufinden. Aufgrund deiner Unzufriedenheit sehnst du dich nach anhaltender Befriedigung. Entdecke, was dich nicht verlassen wird und nicht verlässt. Alles andere wird dich verlassen. Mit dem Geschenk dieses Körpers hast du die großartige Möglichkeit, die Wahrheit deines Daseins zu entdecken, aber du verschwendest sie, wenn all dein Streben nur dem Körper und der Erfüllung der Sehnsüchte des Verstandes gilt! Ja, wir arbeiten so viel für körperliche Freuden! Aber ebendiesen Körper, den du zum Genießen brauchst, kannst du nicht behalten. Deshalb, alles, womit du dich abplagst, um für fünf oder zehn Minuten einen Geschmack zu haben, wird weggespült. Was ist es, das nicht weggespült werden kann?

An diesem Ort kann ich nicht einmal „Wer bin ich?" oder „Wer beobachtet das?" fragen.

Vielen Dank! Danke! Selbst diese Fragen werden nicht auf Resonanz stoßen, aber sie können kommen. Ultimativ, im letztendlichen Sehen erkennst du, dass alles, was wahrnehmbar ist, veränderlich ist, es erscheint vor dir und kann nicht mit ununterbrochener Aufmerksamkeit gehalten werden; es kommt und geht. Aber das, was dieses beobachtet, ist was? Das ist nicht nur eine mentale Frage, daher wird es eine leichtfertige Antwort nicht tun. Nur solche Antworten, die aus reiner Einsicht kommen, werden diese anhaltende Befriedigung in sich tragen. Du stehst von Angesicht zu Angesicht mit deinem eigenen Selbst. Du stehst von Angesicht zu Angesicht mit deinem eigenen Selbst, wie siehst du aus?

Das, was sich offenbart,
wenn Gedanken abwesend sind,
ist auch da, wenn Gedanken da sind.

Botschafter der Freiheit

Das Gewahrseins-Selbst, das du bist, wird von den Aktivitäten des Körpers und des Verstandes nicht beeinträchtigt. Augen offen oder Augen geschlossen, es hat keine Auswirkung auf das Gewahrsein. „Spirituelle“ Gesellschaft erhöht das Gewahrsein genausowenig wie „weltliche“ Gesellschaft Es herabsetzt. Gewahrsein ist kein Gefühl, also ist Es jenseits von guten und schlechten Gefühlen. Gewahrsein ist weder persönlich noch unpersönlich, weder außergewöhnlich noch gewöhnlich. Gewahrsein hat keinen Standort; es macht keinen Unterschied, ob du am Arunachala bist oder sonstwo in der Welt. Gewahrsein steht nicht am Ende eines Bemühens oder Übens. Es kann durch Zeit und Raum nicht geteilt werden. Dein intuitives Gefühl von „Ich“ ist vom Gewahrsein nicht getrennt.

Du bist eins mit dem Gewahrsein, wenn dein „Ich“ ohne Geschichte oder psychologische Wucht aufsteigt. Du bist eins mit dem Gewahrsein, wenn du dich, indem du „ich“ sagst, auf die Intuition selbst beziehst, die gleichbedeutend mit dem Sein ist. Wenn das deine Position ist, bist du weder das „ich“, das spricht oder das „ich“, das hört, noch das „ich“, das zweifelt oder das „ich“, das glaubt. Keine Religion ist dir zugehörig. Die Rollen, die du im Leben spielst, werden spontan und natürlich ausgefüllt, aber du gibst dich in sie nicht mehr so hinein, wie du es zuvor getan hast. Du bist nicht die Mutter von jemandem. Du bist nicht der Vater von jemandem. Du bist nicht das Kind oder der Freund von jemandem. Gut und böse sind bloße Worte für dich. Urteile haben keinerlei Bedeutung. Du verstehst, dass alles, was kommt und geht, Teil eines Gesamtpakets ist. Es ist nichts weiter als der menschliche Ausdruck. Jede Empfindung, jede Stimmung, jedes Spiel des Verstandes, ist lediglich eine Welle auf der Oberfläche des Ozeans. Wie lange wird es brauchen, bis du diese Wahrheit realisierst?

[Lange Stille]

Viele Menschen können diese Art von Gespräch nicht ertragen. Ein Seltener ist unerschrocken von dieser Einladung und erregt.
Ich sage, entferne alle Zweifel und dann kannst du deinerseits ein Botschafter deiner eigenen Freiheit sein. Du nimmst diese Freiheit überallhin mit und bist das Licht für dich Selbst.
Jeder Mensch spricht von einem Raum des Zweifels, der Krise, Schwierigkeit und Sorge aus. Was dabei übersehen wird, ist, dass all das aufgrund von Fehlidentifikation geschieht. Du bist es, das Seiende – das Absolute in Manifestation – das scheinbar einer Verwirrung anheim gefallen ist. Diese Verwirrung ist das Resultat deiner eigenen „Maya". Du bist dem Zauber verfallen, der Hypnose deiner eigenen Projektionen und leidest an dieser Täuschung. Alles, was es braucht, um dich – das Seiende – aus dieser Benommenheit aufzuwecken, ist ein Klaps. Dafür gibt es Satsang.

Du bittest: „Teile dein Wissen mit uns.“
Ich habe kein Wissen zu teilen.
Ich spreche nicht von Wissen aus;
Ich spreche nur vom Sein aus.
Ich bin dieses Sein und auch jenseits dieses Seins,
als unwissbares Gewahrsein.

Stromsperre für den Verstand

Vergiss alle Strategien deines Verstandes, um Wissen und Verstehen zu erlangen. Vergiss das alles einfach! Ja, vergiss es! Warum können wir es nie vergessen?
Du fragst, was du tun sollst, um eins mit der Wahrheit zu sein? Ich sage dir, was das Beste ist: Nimm eine Abkürzung! Vergiss es! Schneide dem Verstand den Strom ab. Lichter aus! Das ist die einzige Strategie, wenn es einer bedarf, um dir augenblicklich zu enthüllen, dass die ewige und zeitlose Freiheit bereits als du gegenwärtig ist!
Der Rat „Vergiss es!“ scheint vollkommen unverantwortlich, sogar naiv, grob vereinfachend, aber er funktioniert jedes Mal. Vergiss es!
Manchmal führt das, was wir im Satsang teilen, den Verstand dazu, sich einen Begriff von der Sache zu machen. Ich sage: Schmeiß es raus! Vergiss es! Und trotzdem bist du hier, ganz da, leer, ohne Strategien. Sei strategie-los und von Absichten entleert. So geschehen alle Dinge auf wunderschöne Weise.
Leben – so, wie du es kennst – lehrt dich, wie du mit Krücken gehen kannst, obwohl du vollkommen gesund bist. Wirf deine Krücken weg und tanze! Was sind das für Krücken, von denen du abhängig bist? Vorstellungen wie „Ich bin nicht frei“ oder „Ich bin durch meine Umstände und Konditionierungen gebunden“.
Benutze dein Herz, nicht deinen Kopf! Leg dein Herz vor mich hin, wenn du eine Frage stellst! Wir

wollen weder dein Gesicht, noch deine Hände oder deinen Kopf sehen. Ja, nicht einmal deinen Kopf will ich. Sprich und handle von diesem Platz des Herzens aus!
Stell dich vor mich und zeige mir dein Herz!

Wahnvorstellung des Bewusstseins

Kontrolle ist eine Zwangsvorstellung des Bewusstseins, wenn es identifiziert ist. Identifikation mit dem Körper bewirkt, dass sich das Bewusstsein verwundbar fühlt. Es weiß, dass der Körper unbeständig ist, dass er verletzt werden kann und Schmerz, Krankheit und dem Altern unterliegt; deshalb empfindet das Bewusstsein auch, dass es verletzt werden oder sterben kann, wenn es sich als Körper identifiziert. Außerdem scheint eine Übertragung der Verantwortung stattzufinden, wenn sich das Bewusstsein mit dem Verstand identifiziert. Worum sich das Bewusstsein natürlicherweise kümmert, z. B. um das Wohlergehen des Körpers, Behaglichkeit, Handlungen und Situationen, scheint jetzt die alleinige Pflicht des begrenzten Verstandes zu sein. Das führt dazu, dass das Bewusstsein schließlich Schuld, Scham, Reue und Angst erlebt. Es macht sich Sorgen darüber, das Falsche zu tun, fürchtet, eine „schlechte" Wahl zu treffen oder etwas zu verlieren, das diese ständige unterschwellige Angst vor der Verletzlichkeit lindert oder fantasiert über etwas, das die Angst verringert. Die Wahrnehmung des Lebens durch den Verstand dreht sich um diese körperlichen Faktoren, und solange das Bewusstsein identifiziert ist, scheint Es auch in diesen Kampf versunken zu sein.

Du, das Bewusstsein, brauchst den Körper, um weiterhin zu schmecken und zu erfahren, aber es ist

nicht notwendig, sich mit ihm zu identifizieren. Ohne Identifikation wird der Körper immer noch da sein, aber die Besessenheit mit Kontrolle wird schwinden.
Der Körper ist in alldem vollkommen unschuldig. Auf göttliche Weisung hin ist er da und tut seine Arbeit. Der Körper weiß nicht, dass er du ist. Etwas im Innern hält beständig am Körper als „ich" fest und gibt ihm einen Namen.
Der Verstand braucht etwas womit er dir drohen kann, um dich als Geisel festzuhalten. Es muss etwas geben, das du willst oder nicht willst, damit dich der Verstand dazu kriegt, auf seine falschen Warnungen zu hören, wie etwa: „Wenn du das nicht machst, wird etwas Unangenehmes passieren." Nicht selten gibt es Angst vor Veränderung, weil sich der Verstand vorstellt, dass das, was er nicht weiß oder nicht geplant hat, negativ sein wird. Es wird einen wie auch immer gearteten Verlust geben oder einen „Abstieg" oder einen „Rückschritt". All das könnte zur Auslöschung führen, und das ist es, was der Verstand die ganze Zeit zu vermeiden versucht.
Sei wagmutig mit dem Leben, sage: „Okay, mach einen Bettler aus mir, wenn es das ist, was du willst, aber ich werde ein freier Bettler sein." Und dann wirst du sehen, woher das Zittern kommt. Kannst du das? Andere haben es getan und erkannt, wenn man sich der Angst stellt, ist diese nichts weiter als ein Geist, der im Lichte der eigenen Tapferkeit und Bereitschaft, wahrhaftig zu sehen, verschwindet.
Die Angst ist immer größer als die Wirklichkeit. Die Angst kommt aufgrund mangelnden Vertrauens. Du denkst, besser auf dich aufpassen zu können, als Gott

es kann. Du befürchtest, dass, was Gott für dich geplant haben könnte, möglicherweise nicht ist, was du willst. Das ist wahrscheinlich wahr, weil die Träume, die wir haben, auf das beschränkt sind, was wir vom Leben und uns selbst wissen, und das ist unendlich klein gegenüber der ungeheuren Weite, die Ist. Wenn wir loslassen, wovon wir glauben, dass es uns glücklich machen wird, erlauben wir der Gnade zu atmen, und großartigen und schönen Dingen, die wir uns nicht einmal vorstellen konnten, wird Raum gegeben, sich zu ereignen.

Nichtsdestotrotz sind das scheinbare Bedürfnis nach Kontrolle, die Angst diese zu verlieren und das vermeintliche Ausbrechen aus ihr, auch das spielende Bewusstsein, weil es außerhalb dieses Bewusstseins kein Individuum gibt, das gegen den freizügigen Willen des Bewusstseins entscheiden oder handeln könnte. Alles ist Bewusstsein. Menschliche Wesen und ihre Handlungen sind eine Auswirkung und nicht die Ursache des Bewusstseins. Reflektiere darüber. Können die Figuren im ersten Kapitel eines Buches bestimmen, wie das zweite Kapitel sein sollte? Können diese dem Autor befehlen, Situationen und Figuren, die sie nicht mögen, zu verändern oder verhindern, dass sich das nächste Kapitel ereignet?

Für einige ist es eine zutiefst repressive Vorstellung, die Illusion der Kontrolle zu durchschauen, während es für andere völlig befreiend ist. Das Bewusstsein überredet dich nicht. Du bist eingeladen zu sehen.

Wer ist sich der Suche, des Suchers und dessen,
was gesucht wird gewahr?
Bist das nicht du?
Wenn das, was gesucht wird, gefunden ist,
bist du dann nicht da?
Wenn es verloren wird,
bist du dann nicht da?
Wer bist du?

„Und dann …“

In vielen von euch sehe ich, dass ihr geradewegs in die Leere zurückgeworfen seid. Niemand lebt hinter diesen Augen. Es ist wunderbar. Da ist Raum außen und Raum innen, ein und dasselbe, kein Unterschied. Ist das nicht genug? Wie kann es sein, dass viele, die ihr eigenes Dasein als diese unveränderliche Glückseligkeit gekostet haben, zu mir kommen, um mir vom Verlust dieses Erkennens zu berichten? Ihre ersten Worte sind normalerweise „und dann …“. Ich frage mich, was ist dieser „und dann …“ Augenblick? Bring mich zu deinem „und dann …“ Augenblick und zeige mir, was passiert.

Das Problem ist die Identifikation mit dem Körper-Verstand.

Die Aussage beinhaltet drei Faktoren: Körper, Verstand und Identifikation mit den beiden. Alle drei Faktoren sind wahrnehmbar, und du nimmst sie wahr. Was du Identifikation nennst, ist eine Form von Handlung – eine Eigenschaft des Bewusstseins wie Aufmerksamkeit oder Glaube – die dem Gewahrsein entspringt. Du sagst: „Identifikation meiner selbst mit dem Körper-Verstand“ und meine Frage an dich ist: Identifikation wovon womit? Und wer bist du darin?
Wenn du das erforschst, solltest du dir darüber im Klaren sein. Bist du es nicht, der schaut? Offensicht-

lich ist das, was sich mit dem Körper-Verstand identifiziert, nicht der Körper-Verstand, oder? Wenn es also nicht der Körper-Verstand ist, was ist es dann? Wenn du das untersuchst, wirst du herausfinden, dass sowohl Körper als auch Verstand daran unschuldig sind. Es gibt einen anderen Faktor, der für all das verantwortlich ist.

Wie wir anfangs gesagt haben, bist du dir des Körpers, des Verstandes und der Identifikation mit beiden gewahr. Lass uns einen Blick auf den Verstand werfen. Verstand ist Gedanke. Du bist dir deiner Gedanken gewahr. Gedanken kommen und gehen. Kein Gedanke währt ewig. Etwas beobachtet Gedanken. Du kannst keinen Gedanken ununterbrochen aufrechterhalten. Eine Stimme sagt „Papa“ und der Gedanke ist verschwunden. Offensichtlich sind Gedanken nicht beständig.

Wessen Gedanke ist es? Du sagst: „Es ist mein Gedanke.“ Du sagst nicht: „Es ist dein Gedanke.“ Dieses „mein“ muss einen Unterschied in sich tragen. Schau nach und finde heraus, ob dieses „mein“ einen Unterschied in sich trägt. Ein Unterschied besteht nur aufgrund von Eigenschaften. Eine Eigenschaft ist selbst nicht empfindungsfähig. Eine Eigenschaft ist nur ein Phänomen und ein Phänomen kann sich selbst nicht erkennen. Ein Phänomen ist praktisch ein Objekt. Etwas nimmt das Objekt wahr. Was ist es, das es wahrnimmt? Kann es sich von deinem intuitiven Selbstempfinden unterscheiden?

Wenn du danach suchst, was das Objekt wahrnimmt, wirst du sagen müssen: „Ich muss es sein. Ich bin derjenige, der all das sieht. Ich bin das, was Eigenschaften beobachtet.“ Hat das, was Eigenschaften beobachtet, selbst irgendeine Eigenschaft? Wenn deine Antwort lautet: „Ja, es selbst hat eine Eigenschaft“, dann bedeutet das nur, dass es selbst wahrgenommen werden kann. Wenn es wahrgenommen werden kann, dann bist nicht du es, der reine Beobachter. Es ist der Beobachter mit einer Eigenschaft vermischt, ein Cocktail. Was unterscheidet das? Wenn dieser Frage nachgegangen wird, schaufelt sich etwas in die Unendlichkeit zurück. Es schaufelt sich in dich zurück. Du bist die Unendlichkeit. Du bist das Eine, das schaut. Was erfährst du bei der letztendlichen Analyse des Sehens? Was bleibt bei deiner Untersuchung übrig? Welcher Überrest ergibt sich? Diese Untersuchung ist, wie wenn man einen Block Kampfer anzündet. Er wird verbrennen und er wird keinerlei Rückstände hinterlassen. Was bleibt, wenn du deine Nachforschung gemacht hast? Wer überlebt die Nachforschung?

Du bist das Unsterbliche,
warum denkst du an den Tod?
Lass sterben, was sterblich ist
und lass das Ewige sein.

Lass den Schlafsack „ich“ aufgehen

Als Reaktion auf die durchdringende Kraft deines eigenen Satsangs wird manchmal ein Machtwechsel erlebt. Es findet ein Wechsel von manuell auf Automatik statt. Der Schlafsack „ich“ öffnet sich; das Sein kriecht gähnend heraus und streckt sich, während es seine natürliche Fülle wiederentdeckt. Gefangene Energien wie deine Konditionierung, deine Gewohnheiten, Ängste, Anhaftungen und Sehnsüchte, die einst der Stoff waren, der deinen Eindruck einer unabhängigen und autonomen Existenz zusammenhielt, lösen sich auf. Verborgene Erinnerungen und Tendenzen flammen hier und da noch auf. Du wirst auf Arten und Weisen erfahren, die neu für dich sind. Deshalb ist es nicht ungewöhnlich, dass einige Zeit lang jede Menge Turbulenzen auftreten können. Lass alles passieren. Unterlasse es, irgendwelche Schlussfolgerungen über das zu ziehen, was du wahrnimmst. Bleib einfach still. Lass es geschehen. Widerstehe der Tendenz, die Ereignisse zu interpretieren. Bewerte nichts.

Für eine Weile könnte es dir so vorkommen, als ob deine Lebensroutine nichts mehr von einer Routine an sich hat. Du vergisst vielleicht deine Schlüssel, deine Telefonnummern, welchen Bus du nach Hause nehmen musst und so weiter. Panik könnte in deinem Verstand aufkommen. Was für ein Glück, dass du im Satsang bist, einer Umgebung, in der du daran erin-

nert wirst, dass all das in Ordnung ist. Du wirst in Gottes Hand gehalten, also mach dir keine Sorgen darum, dass du dich um dich selbst kümmern musst. Das hast du lange genug getan. Jetzt erfährst du, wie das Universum für dich sorgt.
Allmählich wirst du im Innern einen tieferen Frieden spüren, der nicht leicht zu stören ist. Deine Stimmungen werden in eine natürliche Art von Gleichgewicht kommen. Dann wird erkannt, dass Aktionen und Reaktionen, in die du dich früher zutiefst involviert gefühlt hast, im Raum des Gewahrseins, mit dem du eins bist, wahrgenommen werden, aber du bist nicht berührt. Da ist eine Beständigkeit, eine Tiefe in diesem Erkennen und grundlos kommt große Freude auf.
Die anfängliche Unbeständigkeit im Reich der Erfahrungen repräsentiert die Geburtswehen, während du in die Leere wiedergeboren wirst. Lass diese Enthüllung andauern, bis sie sich legt. Sie ist nicht mehr als das Geräusch, das eine leere Flasche macht, wenn du sie ins Meer wirfst „blub, blub". Sobald alle Luft draußen ist, wird sie vollkommen still und sinkt auf den Grund des Meeres. Dein Verstand ist wie diese Flasche. Zunächst macht er einigen Lärm „blub, blub", bis er sehr still wird. Also sei durch diese Dinge nicht beunruhigt. Sie werden passieren. Selbst wenn du denkst, dass du verrückt wirst. Auch das geht vorbei. Das sind lediglich kleine Bläschen, die hervorsprudeln. Widerstehe der Versuchung, irgendeine Schlussfolgerung zu formulieren. Es ist der Verstand, der darum kämpft, seinen Halt zu bewahren. Du hast dein Leben gelebt, als ob du es von Notenblättern abgespielt hättest. Jetzt, da all die

Blätter verbrannt worden sind, musst du das Lied deines Lebens nach dem Gehör spielen. Es ist nicht deine Aufgabe, dich darum zu kümmern, wie die Dinge sind. Nur sehr wenige Menschen können das aushalten. Manche mögen zurückgehen und der Verstand wartet eifrig auf deine Rückkehr. Aber im Satsang wirst du dazu ermutigt, diesen Druck und die Unbequemlichkeit auszuhalten. Es ist nur für eine begrenzte Zeit so, nur für so lange, wie das Sein braucht, alte, gefangene Energien aufzustoßen. Es findet eine Art innerer Frühjahrsputz statt. Das ist ein gutes Zeichen.

Wenn du reines Wasser trinken willst,
dann geh zur Quelle.

Der Same „Ich Bin“

In der Kristallkugel des Bewusstseins enthalten ist das Gefühl des Sehenden, der die Erfahrung der Vielfältigkeit wahrnimmt, über sie berichtet und mit ihr in Beziehung tritt, außerhalb und innerhalb der Form, durch die es sich (das Bewusstsein) auch ausdrückt. Das Gefühl „Ich Bin“ ist der Same, dem all das entsprießt und der durch die „Ich Bin“ Intuition wahrgenommen wird. Das „Ich Bin“ kann sich ohne Form nicht ausdrücken. Ohne Form kann Es nicht erfahren.

Den Sehenden von „Ich Bin“ kann keiner sehen. Du kannst deinen Intellekt über das „Ich Bin“ hinaus nicht anwenden. Was ist es also, das sogar um den Intellekt selbst weiß? Benutze nicht deine Vorstellungskraft, die Vorstellungskraft wird gesehen! Wer denkt immer noch? Selbst deine Neigung zum Denken hin, zusammen mit dem Denken an sich, wird von Dem gesehen, das jenseits von Gedanke ist. Was ist also der Nutzen des Denkens? Es ist überflüssig.

Viele von euch haben Angst, über die intellektuelle Kapazität des Verstandes hinaus zu fragen. Es gibt die Vorstellung, dass „No-mind“ mit Verrücktsein gleichzusetzen ist: „Wenn ich meinen Verstand verliere, werde ich verrückt!“ Finde heraus, was am Verstand festhält oder ihn loslässt. Denn all das ist Verstand! Du bist Das, in dem der Verstand mit all seinen Ansichten und Ideen, sogar Verrücktheit, enthalten ist. Wie kannst du dadurch verrückt werden, indem du entdeckst, wer du bist?

Am Denken ist nichts auszusetzen. An keinem Objekt ist etwas auszusetzen. Dieser Unfug wird nur von einer irrtümlichen Identifikation erschaffen und du bist hier, um diese Selbsttäuschung aufzudecken. Indem du das „Ich“ untersuchst, wirst du herausfinden, dass das „Ich“ niemandem gehört.
„Ich Bin“ ist Freiheit. „Ich Bin“ ist Sein. „Ich Bin“ ist nicht mischbar, es ist rein; ohne „Ich Bin“ existiert nichts. Es ist das unvergängliche Parfum des Göttlichen, das in jedem Körper strahlt. Die Göttlichkeit in meinem Körper spricht zu derselben Göttlichkeit in deinem Körper. Das Eine, das durch meine Augen schaut, ist dasselbe Eine, das durch deine Augen schaut. Du sollst diese Wahrheit entdecken, sie wird sich selbst enthüllen. Und du, der die Wahrheit entdeckt und dem sich die Wahrheit offenbart, bist diese Wahrheit selbst.
Es gibt keinen Grund, sich darüber die Haare zu raufen. Es offenbart sich seiner selbst, nicht einem anderen.

SUBTILER ALS RAUM

Wenn es an den Punkt der Selbst-Erforschung kommt, funktioniert das für mich nicht, weil es sich sehr mental anfühlt. Stattdessen verlagere ich den Fokus meiner Aufmerksamkeit lieber auf den Raum als auf die Objekte, die im Raum erscheinen.

Wunderbar! Zuvor hast du deine Erlebnisse spezifiziert, was eine Art von Klaustrophobie im Sein hervorruft. Jetzt fokussierst du dich auf den Raum, in dem das Spiel erscheint, deshalb schließt deine Sicht alles ein, panoramaartig. Wenn Sehen und Raum eins werden, wird die Welt offensichtlich still.
Verschlechtert sich die Qualität deines Lebens oder blüht es auf?

Ich bin sehr glücklich.

In deinem Wesen ist bereits ein natürliches Empfinden von Freude und Entspannung. Alles, was im Raum auftaucht, verschwindet im Raum und trotzdem wartet der Raum nicht darauf, dass es geht. Selbst wenn Manifestationen Raum einnehmen, ist der Raum dadurch nicht gestört. Mit der Zeit werden sie vergehen. So weit bist du gekommen, sehr gut!
Jetzt, noch einen Schritt. In der Aussage „Ich fokussiere lieber auf den Raum als auf das Objekt" liegt ein Gefühl der Wahlmöglichkeit: „Ich kann mit dem Objekt gehen oder mit dem Raum. Wenn ich mit dem Objekt gehe, bringt es Turbulenzen! Wenn ich

mit dem Raum gehe, ist Stille gegenwärtig. Ich mag die Stille; ich glaube, dass ich bei der Stille bleiben werde." Wie ist die Beschaffenheit dessen, das sich auf den Raum fokussiert und den Raum wählt?

Es weiß, dass es immer noch Raum betrachtet.

Dann muss es feiner sein, weil es sogar Raum betrachten kann.

Manchmal ist da das Gefühl: Ich bin das, innerhalb dessen diese Übung stattfindet – nur für einen Augenblick – und dann verschiebt es sich wieder hin zu so etwas wie einem Tuenden, der fokussiert.

Gewahrsein kann niemals ein Objekt sein. Es kann phänomenal nicht wahrgenommen werden. Sich des Gewahrseins auf bewusste Weise bewusst zu sein, ist eine Handlung, die du nicht tun kannst! Etwas ereignet sich einfach. Wonach du suchst, ist bereits geschehen, eigentlich ist es nicht geschehen; es ist vor allem Geschehen. Es ist bereits so, aber da gibt es eine Regung, die sagt und der Glauben geschenkt wird: „Ich verstehe es noch immer nicht." Du wirst erkennen, dass das „ich", das das Bedürfnis hatte „es zu verstehen", selbst das scheinbare Hindernis war, weil es eine Art Trennung erzeugte.
Ich verwende Konzepte, um deine Konzepte zu beseitigen. Und wenn sie entfernt sind – meine und deine Konzepte – ist das, was verbleibt, bereits hier, jetzt! Näher als Kontakt! Näher als Vertrautheit! Du suchst mit dem Verstand und der Verstand kann nur

nach einem Objekt suchen. Kann der Verstand das Subjekt finden, in dem er selbst als Objekt erscheint? Wenn du es nicht verstehst, ist es in Ordnung. Es muss keinen Sinn ergeben. Nur das muss erkannt werden: Du hältst nach etwas Ausschau, aber du schaust bereits von dort aus. Bleib bei dieser Erkenntnis. Du bist an einen wunderbaren Ort gekommen, an dem du nichts aufgreifst oder rettest. Du hast klar gesehen: Was auf dem Bildschirm erscheint, gehört auch zum Bildschirm. Es kommt und geht. Manchmal ist da Raum, Stille, Unbewegtheit. Das ist die Freude der Nicht-Identifikation. Lass die Objekte erscheinen, du hältst sie weder fest noch schiebst du sie weg. Sie erscheinen einfach von selbst, gemäß ihrer eigenen Gesetze.
Wenn du dich nicht mit Objekten identifizierst, ist da sofort ein natürliches Empfinden von Freude und Friede. Dann wird Liebe antworten: „Jetzt bist du nicht länger mit ‚anderem' beschäftigt. Du stehst mir zur Verfügung. Ich werde kommen."

Ich bin die Großen Wasser.
Auf mein Gesicht schreibt die ursprüngliche
Schreibfeder Mahamayas unaufhörlich die Leben
und Schicksale aller lebendigen Wesen.
Jede Welle, jede kleine Kräuselung,
die subtilste Bewegung – ist Mein Tanzen.
Dennoch verbleibe Ich – die reine Wirklichkeit
für immer unberührt, unbeeinträchtigt.
Prächtig und jenseits aller Konzepte,
Ich – das Unvorstellbare,
das Formlose Absolute
– Allein BIN.

Eine Verabredung mit dem Buddha

Nichts geschieht dir. Das ist einfach nur dein Wettkampf, dein Spiel. Es gibt nichts nach Hause zu schreiben; es geht nichts vor sich, das auch nur eine Postkarte füllen würde!
Wie kannst du Angst vor deinem Shiva-Sein haben, das leer aller Intention ist, leer von Zeit, leer von Ursache und Wirkung, leer von Morgen, leer von Leben und Tod? Alles ist ausgeleert worden. Sieh, es ist nur ein Traum, der in Dem erscheint und der Traum ist ein Teil Davon! Der Traum ist Teil Seines Spiels, Seiner Großartigkeit! Und du wirst deinen Lärm beseitigt haben. Was dann bleibt, ist bewegungslos, unveränderlich und rein – unteilbare Existenz. Nataraj!

Der Körper hat vor alledem Angst!

Der Körper hat keine Angst vor Dem, der Körper sehnt sich nach Diesem! Sehnt sich danach, dass sich der Verstand in Dieses hinein entspannt.

Dann hat der Verstand Angst.

Aber wo ist der Verstand? Der Verstand selbst ist ein Gedanke! Sehen geschieht und das Sehen wird leer. Alle Sinne funktionieren, aber sie werden ruhig. Und was ist hinter alldem? Das Unendliche! Das Unend-

liche ist dahinter, davor, darüber, darunter und jenseits all dessen!
Da ist ein heimtückischer Virus der Ungläubigkeit und dieser Virus zieht die Aufmerksamkeit ab. Aber auch das wird gesehen. Er wird als die Stimme erkannt, die dir am nächsten war, dieses Phantom „ich“.

Es ist wie ein Festhalten ...

Identifiziere dich mit nichts, das festhält. „Festhalten“ ist nichts als ein Gedanke – ein Gedanke, der an einem Gedanken festhält.
Das sind alles nur Ideen! Das bist nicht du! Warum versteckst du dich vor der Fülle dessen, was du bist? Warum hast du Angst? Das bist nicht du! Wenn du so sprichst, akzeptiere ich das nicht, ich glaube dir nicht! Und ich habe kein Interesse an dem, was du sagst! Jedes Mal, wenn ich dich treffe, bist du der Herr selbst. Aber du verhältst dich wie der Herr, der sich selbst verleugnet – ist das möglich?
Du stellst weiter Dinge vor dich hin: „Das hält mich!“ Unsinn! Nichts hält dich! Wer hat dir das erzählt? Du als „du“ existierst nicht, außer als Gedanke. Du bist einer Begegnung nur wert, wenn du nicht bist.

[Stille]

Ich habe eine Verabredung, den Buddha in Tiruvannamalai zu treffen. Und ich warte.

Honig Sein

Wenn diese direkte Erfahrung kommt, fühlt etwas, dass es mehr braucht.

Untersuche dieses Bedürfnis nach mehr! Schau, ob es etwas anderes als eine gedankliche Einladung ist. Die Ideen, die wir vom Erwachen haben, halten uns in einer ständigen Schwebe. Wir warten dauernd darauf, dass etwas passiert. Es ist, als ob wir eine Checkliste des Erwachens mit uns herumtragen, davon überzeugt, dass unsere Vorstellungen und Bilder von der Wahrheit richtig sind. Eine engere Auswahl unserer Lieblingsideen über das Erwachen zur Wahrheit liest sich in etwa so: „Alle meine Probleme werden zuguterletzt verschwinden, wenn ich erst einmal erwacht bin", „Ich werde keinen Schmerz mehr spüren, wenn ich weiß, wer ich bin", „Freiheit bedeutet, dass ich ständig in Glückseligkeit sein werde". Daraus schließen wir, dass wir nicht da sein können, wenn im Leben Probleme auftauchen. Wenn die Fähigkeit, Schmerz zu spüren, immer noch vorhanden ist, können wir unmöglich wissen, wer wir sind und solange sich keine Glückseligkeit zeigt, sind wir ganz bestimmt nicht frei. Diese Fantasien halten uns in einer beständigen Spirale der Trennung gefangen. In Wirklichkeit untergräbt diese Checkliste – was vorhanden sein sollte, wenn man frei ist – die eigene Freiheit geradezu.

Viele Gedanken wie diese schwirren durch den Verstand des Suchers! Aber ein Gedanke selbst hat keine Kraft. Es ist nur dein Glaube an einen Gedanken, der ihm Leben verleiht. Folglich denkst du diese Hindernisse ins Dasein. Sie werden dann zu deiner Erfahrung und stärken die Illusion, mit der der Verstand dann kämpft, als ob sie nicht selbstauferlegt wäre. Etwas scheint gewohnheitsmäßig dabei zu sein, das Empfinden eines unabhängigen Selbst fortzusetzen und zu unterstützen.

Ich kann es sehen, dass ich den Gedanken nicht brauche, aber er ist trotzdem da.

Dann lass den Gedanken da sein! Versuche nicht einmal, ihn beiseite zuschieben. Ignoriere ihn! Das ist es, was die Weisen getan haben. Sie haben die Vorschläge des Denkens nach und nach aus der Existenz ignoriert. Indem man diesen konditionierten und sich ständig wiederholenden Gedanken keine Aufmerksamkeit schenkt, ist Klarheit da, wenn ein reiner Gedanke aus der Leere kommt. Damit sind keine Existenzangst und kein Bedürfnis verbunden. Ein reiner Gedanke ist schwerelos, da er kein verstecktes Motiv hat; er ist lebendig und geht spontan in Handlung über. Und es bedarf keines Trainings, um die beiden voneinander zu unterscheiden. Deine einzige Aufgabe besteht darin: Wenn Gedanken auftauchen, die sagen „komm mit uns", dann mache von der Macht Gebrauch zu erkennen, dass du lediglich das Beobachten bist. Die Einladung verliert dann ihren Reiz und natürliches Urteilsvermögen kommt von der Stille, die verbleibt.

Ist es wirklich so einfach? Ja, es ist wirklich so einfach. Aus diesem Grund weist es der Verstand mit diesem Dekret zurück: „Das ist nicht genug!"
Von jeher haben die Weisen, auf die ihnen jeweils eigene einzigartige Weise, den fortwährenden Grund für das menschliche Leiden aufgezeigt: Du möchtest Honig schmecken; du möchtest kein Honig sein.
Honig kann Honig nicht schmecken! Das ist unmöglich. Weil du weiterhin schmecken möchtest, ist der Pfad zur Wahrheit endlos. Deshalb fühlst du dich von „Sieben Schritten zur Freiheit" so angezogen. Und nach dem siebten Schritt führst du immer noch mehrere ein; die ganzen Bücher und die verschiedenen spirituellen Pfade und Praktiken kommen dir dabei zur Hilfe. Du benutzt sie, um die Entdeckung deines Selbst hinauszuschieben, die unmittelbar ist. Dein Interesse liegt in den verschiedenen Geschmacksrichtungen und so entzieht sich dir die Wahrheit. Du sagst, dass du Freiheit willst, doch du willst Freiheit auf Raten. Freiheit Ist. Sie kann nicht in hübsche Päckchen oder Stufen aufgeteilt werden.
Du fragst: „Welchen Sinn hat es, frei zu sein, wenn es keinen Geschmack dabei gibt?" Alle Wesen sind süchtig nach dem Geschmack von Erfahrung: dem Kontrast, der Reibung, der Spannung, der Unvorhersehbarkeit, dem Drama, dem Versprechen. Selbst den Misserfolg liebst du.
Die Weisen genießen auf reinere Weise; ohne Anhaftung, ohne Sucht, ohne Verlangen, ohne Bedürfnis, ohne Vergleich. Ihr Genuss ist frisch, genauso wie du genossen hast, als du noch ein ganz kleines Kind warst. Weise genießen die Welt, aber sie leiden nicht an ihr. Eine Erfahrung ist nur ein Geschmack,

der durch den Körper der Freude wäscht, die sie sind. An der Erfahrung ist kein Selbst beteiligt. Deshalb gibt es durch sie nichts zu gewinnen oder zu verlieren. Da ist eine Glückseligkeit, die über das Schmecken von Honig hinausgeht. Honig sein, das ist das Höchste!

Das, was sagt:
„Mein Verstand ist zu stark“
ist der Verstand selbst.

Eine Illusion,
durch Glauben bestärkt.

Wenn Schmerz und Friede eins sind

Ich möchte zu dieser Erfahrung „Ich bin Das" zurückkehren. Da war nur Friede und jetzt fühle ich so viel Anspannung!

Anspannung bedeutet nur, dass Anspannung vorhanden ist, nichts weiter. Welche Etiketten befestigst du an der Anspannung, die sie dann zu einem so bedeutenden und unangenehmen Phänomen machen? Die Anspannung muss dich nicht stören. Es ist möglich, sehr angespannt zu sein und gleichzeitig zu hundert Prozent in Frieden zu sein.

Aber während der Meditation heute Morgen war da so viel Schmerz, dass ich mich nicht auf die Frage „Wer bin ich?" zentrieren konnte.

Vielleicht war diese Frage nicht, was gerade benötigt wurde. Manchmal geht es darum, einfach zu erlauben, was passiert, egal was; ohne Urteil, ohne wegzuschieben, ohne festzuhalten und daraus ein Ereignis zu machen. Du spürst Schmerz, na und?

Ich würde ihn gern stoppen und mich gut fühlen!

Der Wunsch, ihn zu stoppen ist das, was die Schwierigkeiten verursacht! Lass den Schmerz da sein, beobachte ihn! Das ist wirkliche Erforschung. Wenn Schmerz bis zur äußersten Intensität vergrößert wird, sei er vom Ausdruck her emotional oder körperlich, dann hast du die beste Chance zu sehen, was du nicht bist! Das heißt nicht, dass du wählst, dich selbst zu quälen oder die körperliche Gesundheit zu vernachlässigen. Wenn ein Arzt gerufen werden muss, in Ordnung, du tust, was du zu tun hast, aber mach zur selben Zeit vollen Gebrauch von der Möglichkeit genauer hinzuschauen. Und wenn nichts getan werden kann, ist es wesentlich, sich in den Schmerz zu ergeben. Ihn zu bekämpfen, steigert nur das Unbehagen. Mir ist klar, dass du dieser Erfahrung eine Interpretation verleihst, die sie lauter macht, erbärmlicher und unangenehmer.

Aufgrund der geweihten Energie dieses heiligen Berges, Arunachala, oder aufgrund des Feuers von Satsang, treten einige körperliche und emotionale Reaktionen mit verstärkter Kraft auf. Körperliche Gebrechen sind unangenehmer und hemmender, während die Emotionen höher schlagen. Diese Überspitzungen machen es für den Verstand schwer, sich von dem Unbehagen abzulenken, das er spürt. Er ist gezwungen sich dem zu stellen, was er lieber unterdrücken oder wovor er lieber wegrennen würde. Dir wird die perfekte, maßgeschneiderte Möglichkeit gegeben, still zu bleiben und zu beobachten, dass diese Symptome, wie alle Phänomene, vorbeigehen werden. Was für eine Gnade!

Lass die Reaktionen passieren. Übergib deine Existenz an die Existenz. Ich sage dir, komm Heim. Alles das, was du Angst hast zu verlieren, hält dich in diesem Schmerz.

Es heißt, dass Fische nicht in Wasser leben können,
das zu sauber ist.
Ebenso können Gedanken nicht gedeihen,
wenn die Aufmerksamkeit im Selbst vertieft ist.

Kaviar des Seins

Du hast vorhin etwas über die Geburtswehen angemerkt, die kommen, wenn wir in die Leere geboren werden, was sich so anhörte, als ob man durch die Hölle gehen müsste, um in den Himmel zu kommen. Das hat mich wirklich irritiert. Ich frage mich, wie viele Jahre das dauern wird.

Wenn du anfängst, nach deiner eigenen Erfahrung zu leben, nach deiner eigenen Selbst-Abhängigkeit, dann sind das großartige Jahre. Du hast so lange eine Seinsart kultiviert, die in der Welt zu funktionieren schien, aber es hat nicht gereicht. Etwas blieb hungrig nach anhaltender Befriedigung. Wenn das nicht so wäre, wärest du dann hier hergekommen? Trotz aller Widerstände und Ängste deines Verstandes hast du deinen Weg hierher gefunden. Du kannst darauf vertrauen, dass die Kraft, die dich hierher gebracht hat, sich jetzt selbst erfüllt. Sie beseitigt diesen träumenden Verstand. Natürlich wird Irritation aufkommen, weil du dich nicht mehr auf deine eigene Kraft verlassen kannst. Alles, worauf du dich einmal verlassen hast, ist dabei, dich zu verlassen. Deine Grenzen, deine Festhaltegriffe, deine Krückstöcke und dein Lebenserhaltungssystem, alles ist dir genommen worden. Etwas, das darüber zutiefst aufgebracht ist, schreit: „Ich will Freiheit, aber nicht, wenn sie schmerzhaft ist und Unannehmlichkeiten mit sich bringt!“ Du willst es in Tablettenform, damit du es alles heute erledigt kriegst!

Die Angst vor dem Verlust der Identität, die Angst vor dem Verlust der Kontrolle, die Angst vor Verlassenheit, die Angst, deine Träume aufzugeben, die Angst vor dem Verlust deiner Anhaftungen tauchen wie Schlangen auf, um dich zu ängstigen. Sie beziehen Kraft durch deine Aufmerksamkeit. Du unterstützt sie, weil sie für dich Bedeutung haben. Auf diese Weise mit Energie versorgt fangen sie an, deinen Frieden zu belästigen.

Das, Was Ist, ist nicht schwer zu finden – nein, Es ist sogar jetzt hier! Es ist nur so, dass die Entdeckung der Wahrheit deine weltlichen Anhaftungen zu bedrohen scheint. Du erkennst nicht, dass alles, was du Angst hast loszulassen, nichts ist! Es sieht nur in deinem Verstand groß aus! Die scheinbare Kluft zwischen dir selbst und der Wirklichkeit ist nur die Distanz eines Konzepts.

Wenn es zu schmerzhaft ist loszulassen, dann tu's nicht, versuche stattdessen etwas Sanfteres: Schau dir an, warum du festhältst. Wenn selbst das zu hart für dich ist, dann finde heraus, wer loslässt und wer festhält.

Selbst das willst du nicht tun? Fühlst du dich sogar durch diese Frage bedroht?

Nur das, was mühelos ist, kann natürlich genannt werden. Was du liebst, ist Mühelosigkeit. Anstrengung wird benötigt, um alles andere zu verfolgen als Was Ist. Du kannst Was Ist nicht verfolgen, weil du bereits bist Was Ist.

Vielleicht wurzelt dein Zögern in Ideen darüber, was dir die Selbst-Entdeckung bringen wird. Wenn du gehört hast, dass Freiheit dasselbe ist wie Leere, wirst du dich selbst vielleicht fragen, was daran frei

ist? Nichts geht in der Leere vor sich. Das ist für deinen Verstand nicht sehr attraktiv, weil es für den Verstand Tod bedeutet. Aber wir laden dich nicht dazu ein, in die Version einzutreten, die der Verstand von der Leere hat. Wir führen dich in die direkte Erfahrung dynamischer Leere, in dein ureigenes Selbst. In dem Augenblick, in dem du Das entdeckst, wirst du Es niemals wieder verleugnen, weil du in dein ursprüngliches Wesen kommst, deine ursprüngliche Freude; zu guter Letzt wird auch der Durst nach dauerhafter Zufriedenheit gelöscht.
Von welcher Seite des Erwachens aus hörst du zu? Ich spreche direkt zu dem Was Ist. Ich spreche von Dem zu Dem selbst.
Es muss nicht auf Pilgerschaft gehen, um sich selbst zu begegnen. Es muss keinerlei spirituelle Gymnastik machen, um es selbst zu sein. Warum sollte es frustrierend sein? Für wen ist es frustrierend? Das solltest du herausfinden! „Du" kannst nicht frustriert sein! Du bist dir der Frustration gewahr, die als eine Art von Energie aufsteigt. Das, worin die Frustrationsenergie wahrgenommen wird, ist nicht und kann niemals frustriert sein! Ich zeige dir den Kaviar des Seins, aber du machst daraus Katzenfutter!

[Lachen gefolgt von langer Stille.]

Halte nur am einfachen Gefühl der Existenz fest –
„Ich Bin“ –
dieser süßen und Formlosen Intuition im Innern.
Bleib still, bis derjenige, der bleibt …
entschwindet.

DAS URSPRÜNGLICHE WESEN

Ich bin Lehrer, aber die Strukturen in der Schule sind akademisch-verstandesbasiert und ich bin in einen Ort gefallen, der tiefer ist als das. Mein Dilemma ist: Soll ich bleiben oder das würdigen, was im Innern vor sich geht, oder gibt es etwas dazwischen?

Für mich ist die Antwort ganz klar. Du musst zutiefst mit dem Ruf deines eigenen Herzens gehen und du musst es vollständig tun, damit du nicht versuchst, zugleich zu schwimmen und am Strand zu laufen. Das ist nicht möglich. Manchmal vertieft sich das Dilemma noch mehr, wenn es das Gefühl gibt, dass man sich nicht von der Herausforderung abwenden sollte: „Sicherlich gibt es einen Weg, auf dem ich mehr Herzensqualität in dieses Umfeld bringen kann." Aber das ist nicht notwendigerweise das, was von dir gewünscht wird.
Lass los, so sehr es der Ruf erlaubt, in einen tieferen Ort des Verstehens und eine tiefere Einsicht hinein. Gib dich wirklich dieser Kraft hin, die den Ruf und den Sog zu sich selbst hin schon in Bewegung gesetzt hat. Unsere eigenen, menschlichen Beschränkungen der Wahrnehmung können Ihre Weisheit niemals wirklich ergründen.
Diese Kraft unterscheidet sich nicht von deinem Selbst. Was sie auch tut, du wirst herausfinden, dass es in vollkommener Harmonie ist. Je mehr du das aufnimmst und nach Hause kommst, sogar ohne

Anstrengung und Absicht, werden andere irgendwie von deinem Dasein profitieren und vielleicht auf eine Art und Weise, die dir nicht einmal bewusst ist! Das ist die Kraft der Stille. In der Gegenwart derer, die in ihrem ursprünglichen Sein verweilen – die frei sind von begrenztem Denken und begrenzter Identifikation – kommt es zu solchen Effekten, Einflüssen und solcher Schönheit.

Du bist nichts anderes als das ursprüngliche Sein. Du bist gekommen, um das herauszufinden, lass dich von nichts aufhalten. Es gibt in dieser Form nichts Wertvolleres zu entdecken, als herauszufinden, wer du bist. Du begehst keinen Verrat an deinem Beruf und du wirst jede Unterstützung erfahren.

Vertraue darauf, dass dich das Leben trägt, wenn du einen solchen Schritt machst. Es ist nicht nur Theorie – es ist möglich aufzuwachen, es ist möglich, vollkommen frei von Leiden zu sein, frei von Zweifel und frei von Angst. Dann bringst du deinerseits den Menschen Frieden, die dich zunächst von deiner Reise abzuhalten versuchen.

Was kann im Weg stehen, wenn deine Suche die nach der vollkommenen Befreiung von deiner eigenen Konditionierung ist? Richte dich nach der Wahrheit aus und das Leben wird sich nach dir ausrichten. Gnade ist dein wohlwollender und beständiger Verbündeter.

Das Leben ist nicht so lieblos,
als dass es zuließe,
dass all deine Träume in Erfüllung gehen.

Sich im Kopfkissen Gottes verstecken

Ich möchte da hinkommen.

Bitte untersuche dieses: „Ich möchte da hinkommen." Auf den ersten Blick scheint das ein sehr verheißungsvoller Gedanke zu sein, aber damit einhergehend, ungesehen auf der anderen Seite der Münze ist das schweigsame Gegenteil: „Ich bin nicht da, ich bin getrennt." Die beiden Seiten koexistieren und versorgen deine Verstandes-Bank konzeptueller Trennung. Deshalb berühre keine der beiden Seiten. Berühre die Münze gar nicht. Wirf sie weg. Was bleibt?

Und die Antwort will ich nicht! Es ist die Frage, die Bedeutung hat. Sie ist ein vollkommener Spiegel. Lass die Frage sich entfalten und in deinem Wesen widerspiegeln. Denk nicht darüber nach! Wir verstehen uns so gut aufs Aufheben weiterer Münzen, auf denen „ich" eingeprägt ist, im Bemühen, irgendwo hinzugelangen oder irgendetwas zu bekommen. Begib dich überhaupt in keine Bewegung hinein, wie subtil sie auch sein mag. Wohin musst du gehen? Die Wahrheit ist immer hier gewesen. Unmittelbarer als jeder Gedanke, vertrauter als dein eigener Atem.

Identifiziere dich mit keinem Gefühl, das aus dieser Innenschau hervorgeht. Alle Gefühlsregungen, wie Gedanken, sind Touristen und keine Mieter. Existie-

re allein durch deine Augen. Wieder frage ich dich, was verbleibt?
Wenn es nicht bereits hier ist, lass es! Warten ist nicht angemessen. Erwartung ebensowenig; das, was erwartet, ist auch Verstand. Das, was die Erwartungen des Verstandes beobachtet, ist jenseits von Erwartung. Nichts kann zwischen dich und Es kommen. Nichts kann Es verbergen.

Jetzt sind da Friede und Stille.

Ich glaube dir nicht! Deine Energie vermittelt das nicht. Du bist Das, worin Friede und Stille entstehen. Friede und Stille sind das Parfum der parfumlosen Blume, die du bist. Kreiere nicht(s), stell dir nichts vor.

Ich weiß wirklich nicht, was ich tun soll.

Selbst dort, im Schlafzimmer des Göttlichen, ist noch immer das „ich" da; es hält sich im Kopfkissen Gottes versteckt!

Ich möchte flüchten.

Lass das „ich", das flüchten will, entkommen und du bleibst! Warum dich an die Schlange binden, die all die Jahre lang in deinem Kopf geflüstert hat? Identifiziere denjenigen, der sagt: „Ich möchte flüchten." Bist du das?

Ich möchte bleiben.

Auch diese Stimme ist nicht deine. Solange es sich so anfühlt, als ob es deine wäre, wirst du das Gefühl haben, gehen zu müssen. Es ist bloß eine weitere „ich will“ Münze zum wegwerfen. Lass diese Urteile allein und stelle fest: „Diese Stimme ist nicht meine Stimme. Etwas in mir will gehen, aber ich bleibe.“
Als was bleibst du? Und liegt im Bleiben irgendein Bemühen? Eine Person kann nicht bleiben, nur was bleibt, bleibt. Und du bist Das.
Gib die Idee von einer Reise zur Wahrheit auf und Wahrheit ist augenblicklich enthüllt. Gib die Vorstellung auf, dass du nah bist. Dieses Konzept wird dir eine weitere Geburt einhandeln, eine weitere Möglichkeit. Es ist selbst eine Vermeidung. Und dieses unsinnige „ich kapiere es immer noch nicht“, schenke dieser Schlangenstimme keine Aufmerksamkeit.
Sei still; lass uns sehen, ob du geeignet bist, einfach still zu bleiben. Deine schädliche Beziehung zum Verstand als Meister ist vorbei. Der Verstand kann für gewöhnliche Dienste verwendet werden, aber er kann dir niemals dabei helfen zu sein, wer du bist.
Es wird keine verkopfte Philosophie benötigt, um dein Selbst zu kennen, nur diese Spiegelung. Hast du den Mut, da hineinzuschauen, in deinen eigenen Spiegel? Es gab eine Zeit, als du noch nicht bereit warst zu sehen. Jetzt bringt dich irgendetwas hierher; schau hin.
Schau hin oder geh.

Wenn du das tust, was von deinem Herzen her richtig ist,
kann es sich nicht als falsch für einen anderen erweisen.

Entfernung der Linsentrübung „Ich“

Es bleibt keine Frage.

Wenn es keine Fragen mehr gibt, verbleibt Friede.

Ja, da ist Friede, aber ich kann ihn nicht beschreiben.

Niemand kann diesen Frieden beschreiben! Niemand ist in der Lage gewesen, Das mit Worten zu vermitteln, weil Es vor Worten ist, siehst du? Wenn du deinen Verstand berührst, wird der Verstand das Rohmaterial der Manifestation weiter verzieren. Er wird ego-gefüllte Interpretationen hinzufügen, wie etwa Gefühl, Verlangen oder Widerstand. Diese Verzerrungen sind über dein ursprüngliches Sehen geschichtet. Immer auf das „ich“ bezogen, erschaffen diese Interpretationen die Welt der Dualität, des „anderen“, und dann sind Angst und Unvollständigkeit eingeladen zu einer scheinbaren Realität zu werden.
Frei von dem Bedürfnis, zu urteilen und sich zu identifizieren, entweicht keine Energie aus den Sinnen; sie werden still. Nur reines Wahrnehmen verbleibt. Wenn dieser Zustand gegenwärtig ist, schläfst du nicht sehr viel, aber du bist niemals müde. Du willst nichts; und wenn du nichts möchtest, bist du frei! Keine Erwartung, kein Vorgreifen, nichts zurückzu-

weisen. Natürliche Stille und natürlicher Friede sind gegenwärtig. Ich spreche zu ebendiesem Zustand, innerhalb dessen der Verstand erscheint und etwas dazu beitragen will: „Was muss ich noch tun?“, „Sollte ich mehr meditieren?“ Du bist bereits Das! Du kannst Es nicht verbessern! Es wartet nur auf Erkennung. Und, was (welche Instanz) sollte es gar erkennen? Das Erkennen selbst steigt Daraus auf. So entgleiten dir die Fragen, ohne dass sie aufgegeben werden, mühelos.
Dein intuitives Selbst-Empfinden steigt aus dem Nichts auf.

Es ist einfach (da), aus sich selbst aufsteigend. Es ist Glück und Traurigkeit.

Und doch geht es auch darüber hinaus. Es spielt durch sie (die Empfindungen) in der Manifestation. Selbst diese Stille ist jenseits von Stille, siehst du? Es ist dein Selbst. Es ist dein Domizil, aber nichts (nothing), kein „Ding“ (no „thing“) verweilt dort. Es wird als deine Buddha-Natur bezeichnet, aber da ist kein Buddha. Ich bin „du“ und ich bin „ich“ und ich bin sogar jenseits davon.
Wir haben weggeschält, um Das zu finden, was phänomenal nicht erkannt werden kann und was spontan ohne Worte erfahren wird, weil es wortloser Raum ist. Dieser Wald konzeptueller Identifikation hat das intuitive Erkennen, das zugleich still und die Stille selbst ist, in den Schatten gestellt. Uns ist es bestimmt, durch diesen Wald zu gehen, um dann irgendwie auf der anderen Seite rauszukommen. Von Zeit zu Zeit kommt ein Christus heraus, ein Buddha.

Manchmal stolpert jemand von uns heraus und geht wieder zurück hinein. Aber einige kommen heraus, und das Herauskommen bedeutet zu erkennen, dass ich nicht derjenige bin, der inmitten der Bäume gekämpft hat. Ich bin nicht der Waldbewohner. Ich habe es irgendwie geträumt und doch ist es auch mit mir verbunden. Es ist nicht die Definition dessen, was ich bin, aber irgendwie ist es der Ausdruck, der aus meinem Selbst kommt. Es ist nun erkannt, dass es nicht das Absolute ist, es ist nur ein Spiel, an das geglaubt wird.

WO IMMER ICH BIN, BIN ICH STILL

Ich habe auf Fragen keine Standardantwort. Es gibt keine Standardantwort. Es geht nicht nur darum, die Frage zu beantworten, sondern auch darum, den Fragenden zu (be)antworten, und das macht den großen Unterschied.
Du kannst an Gott glauben, aber du kannst nicht an das Selbst glauben; du kannst das Selbst nur sein. Dein Sein ist vollkommen still. Es stört sich nicht an Konzepten und Problemen. Nur der Verstand ist betroffen, nicht das Herz. Wenn du im Reich des Verstandes bleibst, wirst du niemals vollständig im Reich deines eigenen Seins landen.
Das ist die hauptsächliche Entdeckung: Wohin ich auch gehe, ich bin niemals außerhalb des Selbst.
Nichts, was ich tun oder nicht tun kann, beinträchtigt das Gewahrseins-Selbst.
Welches ich bin.

Every person offers
a little reflection
of the One Self
But a sage is like a huge mirror
in whose Compassionate presence
the disharmonious is seen.

Many avoid this mirroring
but those who continue to look
Come to see...
The face of God.

Jede Person bietet
eine kleine Spiegelung
des Einen Selbst an.

Aber ein Weiser ist wie ein großer Spiegel,
in dessen mitfühlender Gegenwart
die Disharmonien gesehen werden.

Viele vermeiden dieses Sich-Spiegeln,
aber denjenigen, die weiterhin schauen,
werden ...
Das Angesicht Gottes sehen.

Das Eine ohne Geschichte sein

Letztes Mal, als ich zu dir kam, um eine Frage zu stellen, fing mein Herz so sehr zu schlagen an, dass ich mich nicht traue, heute eine weitere Frage zu stellen. Ich wollte hier einfach wieder herkommen, nur um für zwei oder drei Minuten zu sitzen.

Warum nicht für immer bleiben?

Ich möchte hier ewig bleiben, aber das hängt sehr stark von dir ab.

Nein, das hängt nicht von mir ab. Das hängt nicht von mir ab. Du kannst nicht ewig auf der physischen Ebene verbleiben. Warum möchtest du irgendwo für egal wie lange bleiben? Warum nicht irgendwo im Ewigen bleiben? Selbst „bleiben" zu sagen ist nicht wahr. Du kannst in etwas, dass ewig ist, nirgendwo bleiben. Du musst nur „dich" loswerden. Dann wird sich das, was ewig ist, offenbaren. Wo es ein „du" gibt, gibt es Zeit und Schwierigkeiten.
Dieses persönliche „ich" ist wie ein gebrochener Finger, überall wo er hinkommt, verursacht er Schwierigkeiten, überall wo er ankommt, spürt er Schmerz. Derjenige, der mit „ich" identifiziert ist glaubt, dass alles, was in seinem Leben passiert, durch seine Umgebung, einschließlich der Leute um ihn herum, verursacht wird. Er wird sagen: „Andere verursachen mir Schmerz", „Meine Lebensumstände sind verantwortlich". Es ist endlos. Sehr wenige neh-

men die Gelegenheit wahr oder sind daran interessiert, die Quelle ihrer Schwierigkeiten, ihres Leidens zu finden.
Ich sage dir, dass es das „ich“ ist. „Ich“ ist die Ursache deiner Schwierigkeiten. Weil du dein Nest innerhalb des Empfindens eines persönlichen „ichs“ gemacht hast, musst du leiden. Repariere nicht dein Leben. Finde dieses „ich“ und sieh, was passiert. Wie lange können deine Schwierigkeiten anhalten?
Wenn du sagst, „ich“ möchte für drei Minuten hier sein – drei Minuten werden mit absoluter Sicherheit zu Ende gehen, und was wird das „ich“ gewonnen haben?
Du, wie ich dich kenne, bist ewig, und ich liebe die Gesellschaft von Dem. Sprich als Bewusstsein. Sprich zu mir als Bewusstsein und nicht als eine Person. Über sechs Milliarden Menschen sprechen von der Grundlage aus, dass sie Personen sind. Ihre Gespräche sind verankert in der Vorstellung: „Ich bin eine Person und du bist eine Person“, „Das ist mein Leben“, „Das ist, was ich vollbracht habe“, „Ich zeige dir mein Leben, du zeigst mir dein Leben“. Wer will das wissen? Wessen Leben ist so interessant? Sprich als Bewusstsein! Frisch! Sprich nicht von der Vergangenheit! Wozu ist die Vergangenheit gut? Niemand will sie. Niemand isst das Essen von gestern. Niemand liest die Zeitung von gestern. Warum solltest du von Vergangenheit sprechen? Sprich auch nicht von der Zukunft! Es gibt etwas, das ist so frisch, dass es keine Geschichte des Jetzt geben kann. Sei der Eine, der keine Geschichte hat!

Ich sehe niemanden, der gebunden ist. Ich stelle dir immer wieder die Frage: „Wo bist du gebunden?“ Warum sagst du: „Ich bin gebunden“? Warum sagst du: „Ich will frei sein“? Ich verstehe dieses Flehen und fühle mich zutiefst berührt. Lass uns nachschauen und herausfinden, ob wir ermitteln können, was eigentlich das Problem ist. Wir werden die Überzeugung aufdecken, dass alles nicht in Ordnung ist. Und wenn wir das überprüfen, um herauszufinden warum, werden wir entdecken, dass du dich mit dem Tod identifizierst. Du identifizierst dich mit etwas, das nicht andauert, das keine Dauerhaftigkeit hat. Du hast dich in die Zeit verliebt. Du hast dich in Objekte verliebt, in Ideen, die im Dienst dessen stehen, was vergänglich ist. So entstehen Schwierigkeiten. Auf diese Weise ist Verwirrung in dein Wesen getreten.

Die Lebenskraft
fließt mühelos.

Anstrengung taucht mit der Idee auf,
dass da ein „Jemand“ ist,
der eine Tat zu vollbringen hat.

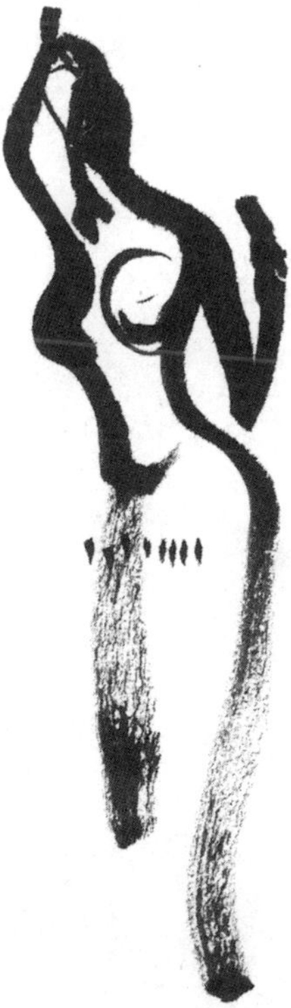

Der Jargon des Einsseins

Seit letzter Nacht spüre ich in meinem Herzen, dass ich mit allen Menschen vereint bin. Ich fühle mich wie eine kleine Nadel an der Pinwand, im Dienste der Existenz. Diese Sinnesempfindung ist voller Emotionen und Unruhe. Da sind Zittern und Beklommenheit. Es ist, als ob ich es loslassen müsste, weil ich spüre, dass in dieser Empfindung eine Gefahr für mein Ego liegt.

Ich habe Leute das schon vorher sagen hören: „Ich hatte diese Erfahrung und jetzt sind wir alle zusammen eins." Und ich möchte fragen, wir sind eins als was? Auf welche Weise sind „wir" eins? Wir behalten immer noch unsere „Wirheit". Was ist dieses „Wir", das eins ist und eins mit was? Das ist, was ich wissen will. Ich möchte herausfinden, ob du lediglich den Jargon des Einsseins gelernt hast, während in Wirklichkeit für dich noch die Idee fortbesteht, dass „wir" plus „wir" eins ergibt.

Lehne die Erfahrung nicht ab. Sie ist in Ordnung. Etwas bringt dadurch eine größere Wahrheit zum Vorschein. Vielleicht liegt deine tiefere Absicht nach vorne zu kommen darin, eine für dich aufkommende Interpretation zu klären, die bis jetzt unvollständig ist.

Das Gefühl des Einsseins geht nicht umher und sammelt alle Wesen ein, um sie in den „Club des Einsseins" zu bringen. Das Gefühl des Einsseins ist das Gefühl der Einheit des Seins. Einssein bezieht

sich nicht auf ein Gefühl, dass ich dasselbe wie alle anderen Wesen bin. Nein, überhaupt nicht. Es ist vielmehr so, dass das Gefühl, dass ich eine individuelle Entität bin, nicht gefunden werden kann. Und an der Stelle des Fundes meiner Nicht-Existenz findet sich das intuitive Gefühl, dass da nur Das ist! Das! Ich bin das gesamte Spektrum der empirischen Welt und gehe sogar darüber hinaus!
Lass mich das wiederholen! Es ist nicht so, dass es da ein „ich“ gibt, das eins mit all den anderen „ichs“ der Welt ist. Nein, es ist so, dass das „ich“ als psychologische Entität, das ein Gefühl der unabhängigen Autorschaft in sich trägt, nicht gefunden wird, und an seiner Stelle erscheint ein Gefühl von Einheit. Was realisiert wird ist, dass nur das Selbst hier ist. Nur das reine Selbst ist hier. Es gibt nicht zwei Stühle in deinem Herzen, einen großen Stuhl für das große Selbst und einen kleinen Stuhl für das kleine Selbst. Da ist nur das Selbst, siehst du? Von hieraus formt sich ein Empfinden von „anders“. Alle sind Formen des einen Selbst.
Sobald diese Vereinigung mit dem Selbst zu deiner eigenen Wirklichkeit geworden ist, wird das, was du zuvor als eine andere Person wahrgenommen hast, zu nichts anderem verschwommen sein, als zu einem einzigartigen Duft des Selbst. Du wirst dasselbe Selbst in allen Wesen wahrnehmen. Es gibt ein Sprichwort: „Ich sehe die Welt nicht, wie sie ist, ich sehe die Welt, wie ich bin.“ Mit anderen Worten: Wenn du das Selbst bist, dann ist der oder das „andere“ auch das Selbst, weil das Selbst nichts „anderes“ sieht.

Oberflächlich können wir weiterhin die Sprache der Trennung und der Erscheinungen sprechen. Der Körper wird gesehen und gespürt und ein gewisser Anteil an Konditionierung und Bildung wird im Spiel der Existenz, das wir Leben nennen, fortbestehen. Du wirst deine Kinder nach wie vor erkennen; nach außen hin magst du immer noch denselben Beruf haben. Das Bewusstsein spielt weiterhin auf diese Weise, aber all das erscheint innerhalb eines tieferen Sehens und Verstehens, dass dies lediglich Erscheinungen in mir (in „ich") sind. Der Körper wird auch als Erscheinung im Innern des Selbst, das ich bin, erkannt. Das ist keine Lehre. Es wird für dich eine tiefe intuitive Gewissheit darüber geben, weil das Gefühl, „ich bin der Körper", einfach durch die Intuition „Ich Bin" ersetzt wird. Auf mysteriöse Weise taucht in diesem Wissen naturgemäß die mühelose Überzeugung auf, dass ich ewig bin und dass das, was hier ist, ewig ist.
So gesehen wird alles zu dieser spontanen Existenz. Da bleibt kein Platz übrig für Ideen wie, dass du ein Diener Gottes seiest – ein Gedanke, der überaus demütig scheint, aber darin gibt es auch ein „Diener Gottes" Ego. Gott ist nicht hilflos, dass Er der Hilfe der Menschen bedarf. Er ruft nicht aus: „Hilfe! Hilfe! Hilf mir bitte, das zu tun!" *[lachen]*
Also sei still und erkenne die Wahrheit deines Einsseins.

Freiheit ist frei, aber nicht billig.
Tatsächlich ist sie unbezahlbar.
Sie wird dich
deine Welt, deine Anhaftungen,
dein Leben – dein eigenes Selbst kosten.
Du wirst das wieder und wieder bezahlen,
bis du von allem, was „du" hast
und von allem, was „du" aufgespart hast,
entleert bist.
Du wirst all das eintauschen,
für das, was „du" nicht haben kannst
– dein ewiges Sein.

Das Sichere aufgeben

Wer steckt hinter der gesamten Manifestation? Schau und du wirst entdecken, dass sie von selbst abläuft! Wenn du das siehst, wird dein Bewusstsein leer. Bis dahin ist es mit dem Gefühl beschäftigt, der Handelnde zu sein: „Ich muss etwas tun, ich muss verstehen."

Anstrengung ist erforderlich, um zu werden, aber welcher Anstrengung bedarf es zu sein? Deshalb verbleibe als das, was verbleibt; bezeuge die sich von selbst ereignende Existenz. Sie ist nicht chaotisch. Was auch immer passiert, passiert und es ist ziemlich gut. Der vermeintliche Manager – der Verstand – verursacht eine Menge Ärger. Und nein, wir feuern nicht nur einfach den Manager, wir geben die Firma auf!

Schau, ob das Universum anhält.

Viele von euch genießen nicht die Sahne des Lebens, weil ihr dem Verstand die Version, wie die Dinge sein sollten, abgekauft habt. Diese Idee hat euch von der Quelle eures Selbst abgeschnitten, deshalb fließt ihr nicht mehr. Daraus resultiert Disharmonie und Leiden. Du bist das Selbst, das Absolute, das sich als das Spontane ausdrückt, aber du weißt es nicht. Du vertraust dem nicht einmal! Du denkst: „Was wird passieren, wenn ich meine Kontrolle aufgebe? Meine Welt wird auseinanderfallen!" Deshalb bleibst du in Unwissenheit über die Erhabenheit des Seins, das du bist.

Die Existenz kümmert sich um den Körper. Verbleib als das „Ich Bin“ – das intuitive Empfinden, das dir niemand gegeben hat; das ist und war immer gegenwärtig. Aus dem „Ich Bin“ manifestiert sich alles. Es beobachtet lediglich den Mechanismus des Universums, der durch die Lebenskraft angetrieben wird, den Atem in deinem Körper, die belebende Kraft in allen Körpern. Es ist ein Mysterium, und es kann nicht gelöst werden. Also versuche es nicht! Beobachte.

Wer du wirklich bist, ist nicht berechenbar. Der Verstand ist berechenbar in seinen Versuchen, das sich spontan Ereignende zu kontrollieren. Das Unbekannte fürchtend, steigt der Verstand gleichzeitig aus dem Unbekannten auf, das dem Verstand den Raum bietet, als das Unbekannte und das scheinbar Bekannte zu spielen. Dieses Spiel ist nicht deine Aufgabe.

Sorge dich um nichts. Sei wie ein Kind im Schoß Gottes. Genieße einfach. Es bedarf weder der Überwachung von Gedanken, noch der Schaffung einer Einwanderungsbehörde für Gefühle. Du kannst dich entspannen. Ja. Entspanne dich.

Das Unendliche scheint so endlos;
bestimmt werde ich darin verloren gehen.

Du kannst nur verloren gehen,
wenn du eine Form bist.
Formen werden in dir – dem Formlosen – gesehen.
Wenn du das Formlose bist,
wo genau könntest du verloren gehen,
wenn du keine Grenzen hast?

DAS „ICH“ WIRD IN DEN ZEUGENSTAND GERUFEN

Bhagavan sagt, dass das „Ich Bin“ die Wirklichkeit ist. Mit Anstrengung am „Ich Bin“ festzuhalten, nennt er „vichara“ oder Selbst-Erforschung. Wenn es mühelos wird, ist es Selbsterkenntnis. Meinem Verstehen und meiner Erfahrung nach ist die „Ich Bin“-heit nicht phänomenal. Sie hat keinen besonderen Geschmack und keine Eigenschaften.

Warum beziehst du dich dann darauf als „es“? Wer spricht über „es“? Was beobachtest du, wenn du über „Ich Bin“ sprichst? Sri Ramana unterschied ein anderes Mal zwischen dem „groben Körper“ und dem „subtilen Körper“. Das „Ich Bin“ ist der „subtile Körper“. Wie kannst du sagen, dass das „Ich Bin“ nicht phänomenal oder ohne Eigenschaften ist? Wie könntest du um „Ich Bin“ wissen, wenn es eigenschaftslos und nicht-phänomenal wäre? Sprichst du aus deiner eigenen Erfahrung? Hier mutmaßt du.

Natürlich ist das eine Interpretation des Verstandes, sobald er außerhalb des „Ich Bin“ ist. Sobald die Aufmerksamkeit im „Ich Bin“ ist, ist da kein „(m)ich“ und „Ich Bin“.

Selbst wenn es ein „(m)ich“ im „Ich Bin“ gibt, wie du es formuliert hast, ist das Gewahrsein der Intuition „Ich Bin“ immer noch gegenwärtig. Es ist nir-

gendwo hingegangen, oder? Da ist das Gewahrsein des Gefühls der Existenz. „Ich bin" bedeutet „Ich existiere". Du behauptest nicht, nicht zu existieren, jetzt, wo ein Empfinden von einem „ich" gegenwärtig ist, oder? Was (wer) würde so eine Behauptung auch aufstellen?
Das „Ich Bin" muss da sein, bevor Wissen und Wahrnehmung sein können. Alles Wissen und alle Erfahrungen sind die Funktion, die von der Intuition „Ich Bin" ausgeht und in Ihr aufsteigt.

Was genießt also den Tiefschlaf? Ist es das „Ich Bin"?

Nein, es ist nicht das „Ich Bin", weil du im Tiefschlaf unbewusst bist. Weder Körper noch Verstand – die wir irrtümlicherweise für das Gravitationszentrum des Seins und des Wissens halten – existieren in diesem Zustand für dich. Trotzdem ist etwas fähig, Wissen über den Tiefschlaf zu vermitteln, wenn Bewusstsein, Körper und Verstand wieder auftauchen. Daher muss es ein sehr viel subtileres Wissen sein, das verbleibt. Tiefschlaf wird in der Gegenwart einer Kraft genossen, die wir einfach als Gewahrsein bezeichnen. Gewahrsein ist die Konstante in der Abwesenheit und Gegenwart aller Erfahrungen und es ist sogar jetzt im Wachzustand präsent und ist vor „Ich Bin". Es ist das Gewahrsein, von dem aus das „Ich Bin" gesehen wird.

Wenn du also sagst, „beobachte den Beobachter", dann höre ich es so, dass du das „Ich Bin" anweist, den Ego Beobachter zu beobachten.

Nein, vergiss das alles! Was du weißt, ist, dass Beobachten stattfindet. Du hast ein Gefühl von „ich beobachte" und von „ich beobachte Objekte". Hinterfrage, wer oder was dieses „ich" ist, das beobachtet? Niemand stellt diese Frage.
Werde nicht intellektuell darüber. Lass den Hinweis einfach innerlich zu und sieh. Etwas bewegt sich aufgrund dieser Frage. Kann das Zentrum des Beobachtens – der Kern des Beobachtens – auch beobachtet werden?
Vergiss, wer diese Anweisung ausführen wird. Folge einfach dem Hinweis.

Bist du deiner Erfahrung nach das, was sich sogar des „Ich Bin" gewahr ist?

Natürlich! Und du bist es ebenso! Sondere mich nicht ab. Darin sind wir eins. Und meine Frage an dich ist: Kannst du nicht sehen, dass sogar das subtilste intuitive Empfinden deiner selbst – wir nennen es einfach die Intuition „Ich Bin" – selbst beobachtet wird?
Einmal hat mich jemand gefragt: „Mooji, bist du immer in Verbindung mit deiner Intuition?" Ich sagte: „Nein! Wer sollte mit der Intuition in Kontakt stehen?" Die Intuition ist einfach nur hier. Wer tut es? – Niemand tut es.
Das ist der Fehler: Du erfährst ein „(m)ich" und du weißt vom „Ich Bin". Du denkst, dass es in der Verantwortung des „ich" Gefühls liegt, etwas zu tun, um sich mit dem Empfinden von „Ich Bin" zu vereinigen und da zu verbleiben, sobald das erreicht ist. Dieses „(m)ich", dieses „ich" verändert ständig seine Ge-

stalt. Niemand kann es fangen. Sobald du nach ihm suchst, verschwindet es unter den Teppich. Du schaust und es ist weg, du kannst es nicht finden. Warum? Finde heraus, warum!

Nur derjenige, der sich auf diese Erforschung ausrichtet und still bleibt, wird zu einer Gewissheit über das Empfinden von „ich“ kommen. Das, was das Täterschaftsgefühl von „ich“ ist, das „ich“, das sich bewegt, das „ich“, das die Arbeit ausführt, das „ich“, das als Sucher erscheint, der versucht, wo hinzukommen; hat irgendwer dieses „ich“ abseits von Gedanke, Erinnerung und Glauben erwischt? Ist es gefunden worden? Dieses „ich“ hat den ganzen Lärm in der Welt gemacht. Jetzt wird es selbst in den Zeugenstand gerufen. Wir fordern: Zeige dich! Wie würde es sich zeigen? Das ist Innenschau. Das ist Erforschung. Die Kraft ist mit dir, um es herauszufinden.

Alles, was wahrnehmbar ist, alles, was gewusst werden kann, muss vor dir erscheinen. Du bist derjenige, der es kommentiert, deshalb musst du schon vorher sein. Damit Beobachten stattfinden kann, muss es eine Distanz geben. Das ist, was „beobachten“ bedeutet. „Beobachten“ bedeutet, dass es zumindest zwei geben muss: Den Beobachter und das Beobachtete zusammen mit der Funktion des Beobachtens. Wer ist dieses „Ich“, der Beobachter? Wer wird diese Frage umarmen? Erlaube dieser Untersuchung etwas Raum! Wenn diese Art von Untersuchung in dir lebendig wird, dann bist du bereits in der Gnade, dann ist Gnade bereits mit dir. Du wirst nun nicht mehr viele Fragen brauchen. Ich kann sie zählen, zwei oder allerhöchstens drei bleiben übrig, zu fragen, wenn du an diesen Punkt des Schauens gekommen bist.

Die scheinbare Distanz
zwischen dir und dem Geliebten
ist nur die Distanz eines Gedanken.

Aber wenn an diesen Gedanken geglaubt wird,
bringt er Leid in die Welt.

Schau dir den Beobachter genauer an

Verbleibe als das Selbst! Bleib bei der Gewohnheit, dich so sehr es dir möglich ist, mit dem Selbst zu identifizieren. Nach und nach werden Umfang und Intensität der Gedankenaktivität wegfallen und nur das Selbst wird zurückbleiben.

Gibt es keinen anderen Weg, außer dem, den du vorschlägst? Ich finde die fortwährende Identifikation mit dem Selbst ermüdend, wenn nicht gar unmöglich.

Es ist ermüdend, weil du dich so sehr mit dem Verstand anstrengst. Eine andere Möglichkeit ist, jeden Gedanken zu ignorieren, sobald er erscheint. Weil du so sehr daran gewöhnt bist, den Gedanken Aufmerksamkeit zu schenken, ist es wahrscheinlich, dass du früher oder später wieder in sie verwickelt wirst. Obwohl vom Effekt her ganz ähnlich, wirst du vielleicht den Ratschlag als das Selbst zu verbleiben einfacher finden, als die Gedanken zu ignorieren, weil es eine eher passive als aktive Ausrichtung ist. Während sich die Gewohnheit als das Selbst zu verbleiben festigt, wird das Ignorieren der Gedanken einfacher.

Dein Ratschlag ist, den Beobachter zu beobachten, aber jedes Mal, wenn ich versuche das zu tun, werde ich sehr mental und habe bald darauf Kopfschmerzen. Wo mache ich etwas falsch?

Zunächst denken die meisten, den Verstand zu beobachten bedeutet einfach, den verschiedenen Aktivitäten, die im Verstand auftreten, Aufmerksamkeit zu schenken. So kann es interpretiert werden. Der Hinweis lautet jedoch, unbeteiligt im Zustand des Bezeugens zu verbleiben, ohne sich in die Bewegungen des Verstandes zu verwickeln.
Beobachte nicht einfach nur die Aktivität; betrachte stattdessen die innere Reaktion auf die Aktivität. Das ist inniger, als einfach nur das Spiel des Verstandes zu betrachten. Diese Reaktionen zeigen, wie viel persönliche Beteiligung kultiviert worden ist; wo es Identifikation und „Lärm“ gibt. Wenn ich „Lärm“ sage, spreche ich vom inneren Aufgewühltsein – Widerstand und Aufregung – das deinen Frieden stört. Sobald diese Tendenzen erkannt werden, ist der nächste Schritt, zu fragen, wer, was und wo derjenige ist, der identifiziert ist. Kann dem ein Gesicht gegeben werden? Gibt es eine konkrete, fassbare als „ich“ beheimatete Entität? Finde es heraus! Um diese Fragen zu beantworten, muss die Aufmerksamkeit nach innen gerichtet werden – gerichtet auf die Quelle der aufsteigenden Aktivität.

Da ist nichts. Wenn danach gesucht wird, wird an so einem Ort nichts gefunden.

Gut. Was macht diese Entdeckung?

Mein Verstand. Mein Bewusstsein.

Nein, du spekulierst. Dein Herz ist in der Antwort nicht präsent.

Das ist es, wo ich stecken bleibe.

Das ist nicht wahr. „Steckenbleiben" oder eine scheinbare Blockade ist nur ein weiterer Gedanke. Nimm diesen Gedanken nicht so bereitwillig an. Identifiziere dich zunächst mit keinem Gedanken; bleibe abseits – unverbunden. Dann finde heraus, als was du abseits stehst. Geh da mit ganzer Aufmerksamkeit und mit offenem Herzen hinein. (Er)spüre deinen Weg.

Aber das wird auch beobachtet, oder?

Du bewegst dich zu schnell und ziehst voreilige Schlüsse. Wenn Aufmerksamkeit auf ihre Quelle gerichtet ist, kann keine Teilung verbleiben und jegliches Gefühl der Trennung wird in der Quelle verschmolzen.

Ich sage, dass dieses Verschmelzen auch beobachtet wird, ist es nicht so?

Wie kann das sein, wenn der Beobachter verschmilzt? Was verbleibt, ist einzig das einheitlichte Feld des Seins. Es bleiben keine Frage und kein Fragender zurück. Die Rastlosigkeit, die aus dem Schmerz und dem Lärm der Trennung hervorgeht, hört auf.

Ich würde nur gerne diesen Punkt klären: Kann der Beobachter beobachtet werden?

Deine Fragen haben einen mentalen Beigeschmack. Mit dieser Herangehensweise wird sich aus deiner Suche nichts ergeben. Du wirst nur mit Fragen fechten. „Cleverness" dieser Art ist der Trick des Verstandes, um zu vermeiden, dass du in die wirkliche Entdeckung eintauchst, die dich jenseits des Fassungsvermögens des Verstandes erwartet.

Ich bin wirklich zutiefst daran interessiert, andauernden Frieden und innere Zufriedenheit zu finden.

Bist du dir dann der anderen Punkte, die wir bisher besprochen haben, so weit klar, dass du bereit bist, dich einem neuen zuzuwenden? Wenn du wahrhaftig interessiert bist, wird dich eine lediglich verstandesmäßige Antwort auf die Frage „kann der Beobachter beobachtet werden" nicht befriedigen. Du musst die wirkliche Antwort für dich selbst herausfinden, indem du von ganzem Herzen die Identität dessen, was als „ich" in dir erscheint, erforschst. In richtiger Art und Weise ausgeführt, bringt die Frage nicht nur eine konzeptuelle Antwort hervor; sie verschlingt den Fragenden, und nur die Gelassenheit und der Friede des Selbst bleiben zurück.

Unberührbar

Der natürliche Zustand des Verstandes ist still, leer und offen zu sein. Er existiert ohne Intention! Wenn du glaubst, dass du Stille praktizieren, Stille finden und Stille beibehalten musst, dann hast du es missverstanden. All das, das gesamte Universum, ereignet sich in Stille!

Es geht nicht darum herumzurennen, um ein bisschen Stille zu finden. Es geht darum, jene Stille zu erkennen, die nicht gestört werden kann, egal, wo du dich befindest, wie die Umstände auch sind, egal wie laut der Lärm ist. Reaktionen jeglicher Art existieren nicht. Es ist kein Verhalten oder etwas Erzwungenes – du und die Stille sind dasselbe.

Alles Reden, dieses Hinweisen dient nur dazu, deine eigene Stille zu enthüllen. Und es braucht keine Zeit! Wenn du vor dem Spiegel stehst, sagt er nicht: „Schau, ich habe gerade zu tun, komm in einer halben Stunde wieder!" Der Spiegel der Erforschung ist so mächtig, augenblicklich wirst du gesehen! Und dann kennst du das Unbeschreibliche, das Formlose – unmittelbar. Vielleicht kannst du darüber nicht sprechen, aber dein Leiden ist vorbei. Deine Ängste sind vorbei. Du überwindest den Tod selbst!

Wenn die beste Gelegenheit zur Entdeckung besteht, machen so viele von euch Ausflüchte und rennen weg, aus Angst, die letzte Anhaftung an das „ich" zu verbrennen. Die Gelegenheit besteht darin, sich dem zu stellen, es zu fühlen und zu sehen, dass du das Unberührbare bist.

Sich festgefahren fühlen ist lediglich ein Gedanke,
dem Glauben geschenkt wird.
Entferne die Überzeugung
und die Blockade verschwindet.

Wenn ein Raum tausend Jahre lang in Dunkelheit
gehalten wurde
und sich das Fenster öffnet –
braucht die Dunkelheit dann tausend Jahre,
um sich zu verabschieden?

Ebenso vertreibt das Licht der Wahrheit
die Dunkelheit der Unwissenheit
in einem Augenblick.

Amnesie im Seienden

Ich komme mit viel Widerstand. Da ist große Angst, dass ich mich selbst verlieren werde. Ich möchte wirklich auf dem Pfad sein, aber dann wiederum halte ich nicht durch.

Du musst entscheiden, wer du bist. Falsche Identifikation hält dich in der Zwinge. Wenn du das Selbst bist, wird es keine Angst mehr geben. Wenn du der selbstsüchtige Verstand bist, dann ist da eine alles verzehrende Angst, dass alles, was du „bist", in die Leere hineingesaugt werden wird.

Da ist die Angst, dass das Leben nicht so unterhaltsam sein wird, wenn ich still werde.

Wenn das Leben so gänzlich faszinierend und unterhaltsam ist, wirst du dich von Satsang nicht angezogen fühlen, deshalb glaube ich dir nicht ganz. Etwas schaut auch nach innen.

Ja, das tut es.

Und wenn du nach innen schaust, was passiert dann?

Na ja, da sind Friede und Freude.

Das sind nichts als Kleinigkeiten ... *[lachen]* und was noch?

Dann ist es so, als ob ich auf eine Mauer stoße.

Eine Mauer? Da kann keine Mauer sein. Durch den Verstand wahrgenommen, kann es so scheinen, als ob da eine Mauer wäre, und dass du diese Mauer durchbrechen musst, um darüber hinauszugehen; aber das sind nur Ideen, weil es für das Selbst unmöglich ist, getrennt von dir zu sein, außer als Projektion.
Du bist das Selbst, in dem die Idee erscheint, zum Selbst zu kommen. Aber wer wird diese Aussage akzeptieren? Denn die Indizien bestätigen offenbar, dass du dich auflösen wirst. Arunachala ist einer der wenigen Orte, wo das Hinterfragen dieser Annahmen unterstützt wird! Ja, Auflösung findet statt, aber nicht die Auflösung deines Selbst. Du identifizierst dich mit den Erfahrungen des Egos und darum erscheint dir diese Mauer real. Diese Mauer ist das Ego selbst. Als Antwort auf seine Angst vor dem Verlust der Autonomie und dem Verlust von Vergnügen, versucht es, seine Existenz durch die Idee zu verteidigen, dass alle Buddhas langweilig sind!

Genau, sie sitzen nur in Höhlen rum. [lachen]

Also, warum sich dann die Mühe machen, zu Satsang zu kommem? *[lacht]*

Ich weiß es nicht. Ich komme einfach immer wieder her.

Ja, du kommst immer wieder, weil etwas in dir weiß, dass es in der äußeren Welt nicht wirklich etwas zu finden gibt. Und wenn du hier bist, ist Freude da und Friede. Niemand wird durch Freude und Friede gestört. Was dich beunruhigt ist, dass du, während du in Friede und Freude bist, woanders die Party verpasst, stimmt's?

Ja.

Und das ist Rastlosigkeit. Vergiss es, zum Selbst hin- oder vom Selbst wegzugehen. Du bist das Selbst! Gib diese Ideen auf: „Wenn ich in Richtung Friede gehe, verliere ich so viel" und „Wenn ich in Richtung Welt gehe, ist da so viel Genuss und Freude". Es ist möglich, als das Selbst zu verbleiben, egal welche Richtung dein Verstand einschlägt oder auf welche Weise dein Körper handelt. Du bist der Zeuge von beiden: dem Reiz weltlichen Vergnügens und dem Suchen nach Gelassenheit. Dieser Zeuge bist du jetzt und bist du immer gewesen. Solange du dir darüber nicht im Klaren bist, wird es dir so erscheinen, als ob deine Wahl eine Konsequenz zur Folge hätte, die entweder gut oder schlecht ist. Und dann ist da die Angst: „Soll ich die blaue Pille nehmen oder die rote?"
Du musst überhaupt keine Pille nehmen. Erkenne nur: „Ich bin als Existenz hier." Hänge keine Ideen an die Existenz. Ordne ihr kein Bild zu. Bleibe in der bild-losen, verbindungslosen Präsenz. Hört sich das so schmerzhaft an?

Das klingt gut.

Bleib, wie du bist. Von woher kam die Idee, hierhin oder dorthin zu gehen? Vom Verstand. Du musst nirgendwohin gehen. Bleib.
In diesem Erkennen ist ungeheure Stille gegenwärtig. Du wirst zwischen dem, was du bist und Stille und Frieden keine Trennung finden; keine Grenze irgendeiner Art. Da wird nicht einmal das Gefühl sein, dass „ich hier sein muss" oder dass „ich das beibehalten muss". Die Erkenntnis wird sein: Das Ist. Das allein ist beständig, ganz von selbst – was bedeutet, dass Es keiner weiteren Unterstützung bedarf.
Das Selbst, das du bist, ist bereits hier, aber das Erkennen dieses unveränderlichen Raumes, dieses unveränderlichen Gewahrseins muss erfolgen. Aus diesem Grund fordere ich dich auf, das zu erkennen, was nicht vergehen kann. Es kann nicht kommen und Es kann nicht gehen, aber in Ihm findet das Spiel von Kommen und Gehen statt, welches in der Gegenwart Dessen beobachtet wird.
Was hier (mit)geteilt wird ist keine Lehre. Es ist nur eine Erinnerung, eine Gelegenheit das zu erkennen, was bereits ist. Ich bin nicht hier, um dich anzutreiben, etwas zu entwickeln, zu kreieren oder dir etwas vorzustellen, sondern ich verweise dich auf das zurück, was ewiglich wahr ist. Auf Das einzige, was vielleicht die Bezeichnung „beständig" verdient.
Es ist unveränderlich, aber wenn du dich bemühst, dich nicht zu verändern, kannst du es nicht erreichen. Niemand kann es erreichen. Buddha hat es nicht erreicht, Jesus Christus hat es nicht erreicht, Krishna hat es nicht erreicht. Du kannst das „Still Sein" nicht erreichen. Es ist eine unerreichbare Stille. Sie ist

natürlich; durch nichts zu erwerben. Im Moment ist dir das nicht klar, weil es eine Faszination für Bewegung gibt – die Bewegtheit der Identität, die Bewegtheit der Autorschaft – was irgendwie das natürliche Erkennen dessen, was bereits hier ist, zu verdecken scheint.

[Stille]

Und nicht die Bewegung selbst, sondern der Glaube an sie und die Faszination für diese Bewegung erzeugen Blindheit. Sie führt zur Amnesie im Sein. Du bist das Sein. Das ist kein Kompliment, das ich dir mache. Der Punkt ist: Du bist perfekt! Aber solange deine Aufmerksamkeit im Verstand verwurzelt ist, wird diese Überzeugung nicht vollkommen sein. Es wird immer Zweifel geben. Vielleicht wirst du einen flüchtigen Einblick bekommen, ein Aufflackern, aber es wird sich nicht festigen, weil du an den Konzepten festhältst, wer du zu sein glaubst; und du glaubst an deinen Verstand.
Mein Gefühl ist, kehre frei in dein Land zurück. Was immer du hierher mitgebracht hast, lass es (hier). Das heilige Feuer Arunachalas ist ein guter Ort, um es zu verbrennen. Geh leer nach Hause. Das wird das größte Geschenk an deine Nation sein, an deine Familie, an deine Freunde. Nimm deinen Pass mit, aber du, sei leer.

Du stellst dir das vor, was du gelernt hast,
und was in deinem Kopf ist, das ist, was du weißt.
Aber das ist nur, was du denkst.
Nur das, was in deinem Herzen bestätigt wird,
ist wahres Wissen,
und das höchste Wissen und die höchste Erfahrung
ist:
„Ich bin nichts.“

Bei Ankunft tot

Ich kann akzeptieren, dass mich das Leben ständig unterstützt. Ich kann anfangen zu akzeptieren, dass ich bereits vollkommen bin und dass die Dinge kommen und gehen werden, aber da ist immer noch ein Gefühl in mir, dass ich Fehler und Schmerz vermeiden kann.

Ja, das letztgenannte Empfinden war gleich zu Beginn deiner ersten Aussage offensichtlich, nämlich dass du glaubst, dass dich das Leben unterstützt. Meine unmittelbare Antwort ist nein, du *bist* Leben! Da sind nicht das „Leben" und „du". Diese Aussage: „Das Leben kümmert sich um mich", führte in mir sofort zu dieser Reaktion: Du, wer?
Sobald du deine Aufmerksamkeit von deinem Selbst abziehst, um sie auf die „Erfahrungswelt" zu richten, und diese dann als die einzige Wirklichkeit betrachtest, fühlst du dich letztlich vom Leben geschieden. Trennung zieht in dein Bewusstsein ein. Dann wirft dir jemand eine Rettungsleine zu, indem er dich mit der Frage „Wer bin ich?" bekannt macht. Wenn du die Frage abtust und stattdessen versuchst, dich lediglich mit mentalem Verstehen zufriedenzugeben, wirst du bei der Ankunft bereits tot sein.
Es ist tief in der Psyche der Menschheit verwurzelt, dass wir vom Leben getrennt sind; dass es beides gibt, uns und das Leben.
„Ich habe ein gutes Leben, hast du ein gutes Leben?"
„Armer Kerl, er hat ein schlechtes Leben."

Aber ist das wahr? Gibt es jemanden, der „Leben haben“ kann?
Du bist Leben!
Wenn du das nicht vollkommen akzeptieren kannst, ist das in Ordnung. Forciere die Akzeptanz nicht, gib dieser Botschaft einfach genügend Raum im Innern, um gehört zu werden, gib ihr die Möglichkeit, in Erwägung gezogen zu werden – dass „Ich Leben bin“. Es gibt zwischen dem sich entfaltenden Leben und dem, was du bist, keine Kluft. Es gibt nichts anderes als dich, auf das du zeigen kannst, um zu sagen: Das ist „mein Leben“. Es gibt nichts „anderes“ über das man berichten kann.
Der Verstand versucht, dich davon zu überzeugen, dass das nicht so ist. Wie ein innerer Journalist fungierend, versucht er ständig das, was sich gerade entfaltet, einzuholen. Aber jeder Bericht, den er schreibt, wird immer Vergangenheit sein und damit nur ein Bild der Wahrheit und niemals die Wahrheit selbst. Selbst wenn die Bewegung den Teil einer Nanosekunde ausmacht, du, in dem sich die berichtete Bewegung bereits ereignet hat, bist schneller, jenseits von schnell. Weil du das Ereignis beinhaltest, kann es nur in Dir auftreten.
Gegenwärtig versucht dein Verstand, diese Wahrheit zu verheimlichen, er wird deshalb ängstlich, weil im Körper immer noch Konditionierung aufsteigt, und die kann nicht vermieden werden. Bewusstsein drückt diese Konditionierung auch aus, während es zur richtigen Position innerhalb Seines Spiels erwacht.
Konditionierung findet in dem Bereich statt, in dem Konditionierung stattfinden kann. Aber es gibt einen

Ort, an dem Konditionierung nicht stattfinden kann; von dem aus die Gegenwart der Konditionierung, die Auswirkung der Konditionierung und das Spiel der Konditionierung beobachtet werden. Du bist dieser Sehende. Du bist der unbeteiligte Sehende. Du bist nicht der aktive Teil. Wer du wirklich bist, ist an Konditionierung nicht interessiert. Tatsächlich, letzten Endes kennst du nicht einmal etwas, das Konditionierung genannt wird!

Wer kennt diese Freude,
die aufsteigt, wenn die Frage
„Wer bin Ich?"
gestellt wird und nichts gefunden wird?

Schwanger mit dir Selbst

Seit ich auf dieser spirituellen Reise bin, fällt alles einfach immer mehr von mir (weg). Ich habe an nichts Interesse. Ich fühle mich, als ob ich sehr faul geworden wäre. Ich kann keine Verabredungen einhalten. Ich kann nichts tun, mich auf nichts festlegen. Gedanken über die Zukunft kommen auf, wie etwa: Wie werde ich meinen Lebensunterhalt bestreiten, ohne irgendeiner Arbeit nachzugehen? Ich bin mir nicht sicher, ob das, was sich hier entfaltet, wahr ist oder ob es ein weiteres Vermeidungsspiel des Verstandes ist.

Du bist ein seltener Fall. Du bist schwanger mit dir Selbst. Du verhilfst auf eine Art deinem Selbst zur Geburt. Es kommt eine Zeit, in der alle Interessen wegfallen. Manche Menschen bekommen Panik, wenn das passiert. Sie haben Angst davor, für uninteressant gehalten zu werden. Aber irgendwie ist es dir egal. In dieser Phase der Selbst-Entdeckung können Gedanken der Art, wie du sie bereits angesprochen hast, tief aus dem Verstand hervorbrechen, um dich einzuschüchtern. Sie versuchen, ein Netz des Zweifels über deine spirituelle Evolution zu werfen.
Was du sagst, ist mir sehr vertraut. Es ist auch meine Erfahrung gewesen, dass Dinge einfach weggefallen sind. Ich war Lehrer an einem örtlichen College mitten in London. Als der innere Kuss in mir die Entdeckung des Selbst erweckte, wies mich mein Herz an, meinen Job aufzugeben. Meine eigene Reise hat

mich gelehrt, dass wenn man sich vollkommen auf das reine Sein reduziert, Erfahrungen in dir auftauchen können, von denen du nie geglaubt hättest, dass sie irgendetwas mit dir zu tun haben. Aber in dem Augenblick, in dem es hervorquillt, fühlt es sich so laut an.
Obwohl ich niemals Interesse an Geld hatte, und das gilt bis zum heutigen Tag, war es in meinem Fall so, dass mich alles verließ, bis zu dem Punkt, wo ich eine Zeit lang gar nichts besaß. Mein letzter Penny war ausgegeben; es kamen keine neuen, und trotzdem wusste ich in meinem Herzen, dass auch das Teil einer Reinigungsphase war. Die Erfahrungen, die kamen, waren ein wesentlicher Bestandteil eines Waschvorgangs, um alle noch verbliebenen Makel vom Sein zu entfernen.
Manche Menschen sagen „Ich habe nichts", aber sie haben fünfhundert Pfund auf der Bank – das ist ihr „nichts" – aber ich meine: ich hatte wirklich nichts! Ich schaute in allen Taschen nach; ich ging durch meine alten Kleider, um nachzuschauen, ob ich etwas Kleingeld oder irgendetwas finden konnte! Es gab nichts zu essen und der Magen fing an zu knurren und ich wandte mich an Gott: „Es ist an der Zeit. Es ist Zeit. Wo bist du?"
Manchmal erschienen Zweifel, um das enorme Vertrauen in Gott herauszufordern, den ich als Synonym für die Existenz betrachte; sie legten den Schluss nahe, dass mich Gott verlassen hatte. Aber was gegenüber diesem Zweifel überwog, war das Gefühl, dass etwas das Folgende offenbarte: „Ich (Gott oder Existenz) kümmere mich um dich".

Ich erinnere mich, dass mich einmal mein Bruder besuchte. Er setzte sich, zog einen Batzen Geld aus der Tasche und fing an, es zu zählen. Er zählte ein Bündel Scheine, während ich nichts hatte. Dann stieg ein Gedanke auf: „Wenn ich nur einen Pfund hätte, dann würde es mir gut gehen." Aber innerlich wusste ich, dass ich nicht fragen sollte. Es ist der Verstand, der es haben will. Es ist der Verstand, der Angst hat davor, kein Geld zu haben und er findet alle möglichen Rechtfertigungen, warum es in Ordnung ist, darum zu bitten. Ich hatte ihm früher einmal Geld gegeben und jetzt wäre der ideale Augenblick, die Gefälligkeit zu erwidern. Aber etwas schämte sich sogar für die Erwägung, um irgendetwas zu bitten und brachte mich dazu, es zu unterlassen. Während ich diesem höheren Ruf folgte, argumentierte der Verstand weiter: „Aber das ist ein Zeichen Gottes. Er sagt dir, dass du deinen Bruder fragen sollst! Siehst du, wie viel Geld er hat? Das ist deine Chance. Nutze sie!"

Aber ich sage dir, dass es das nicht ist. Es zeigt sich nicht auf diese Weise. Es ist als ob du sehr still sein musst, um die Stimme Gottes aus dem Lärm des Verstandes heraushören zu können. Er ist so vertraut, dieser ungesehene Liebende in dir, der jetzt alle Tricks zum Vorschein bringt, an die du gewöhnt und mit denen du identifiziert warst. Du bekommst zu sehen, wie geschickt du geworden bist. Was für ein Schlitzohr du gewesen bist. All die kleinen Tricks, all die Strategien, die Ungestümheit, die sich als Spontaneität verkleidet hat, all das kommt jetzt als das zum Vorschein, was es wirklich ist. Ja, selbst

was du früher als spontan bezeichnet hast, war in Wahrheit noch gezwungen.
Alles wird zum Licht hin geöffnet. Du bekommst zu sehen, dass „etwas" Angst davor hat, ins Bodenlose zu fallen. Wenn den anfänglichen Ängsten, die aufkommen, nicht erlaubt wird, dich dazu zu verführen, dem Rat des vertrauten Verstandes zu folgen, wird sich dir ein enormes Gefühl von Raum und Freiheit offenbaren. Es ist nicht was du erwarten würdest. Du würdest erwarten, verzweifelt zu sein.
Jemand wie du ist so gesegnet. Alle deine kleinen Strategien und Methoden, um zu existieren, all deine „Gerissenheit", sind herausgekämmt worden. Jetzt bist du wie ein kleines Kind, das wieder im Schoß Gottes sitzt. Lass alles los. Rumi hat diesbezüglich etwas Wunderschönes gesagt: „Wer immer mich hierher gebracht hat, muss mich nach Hause bringen."
In jedem von uns findet eine einzigartige Entdeckungsreise statt. Der Verstand hat Angst davor, Unbehagen zu kosten und wird versuchen, Hindernisse in den Weg zu legen. Er wird versuchen, dich mit seiner Schlauheit zu täuschen. Er wird eine Philosophie vor dir aufbauen. Aber du kommst mit gefalteten Händen zum Feuer und mit einer Entschlossenheit im Herzen, in keine Verhandlungen einzutreten. So, wie du nicht in ein Restaurant gehst und dein eigenes Menü mitbringst, begegnest du dem Leben folgendermaßen: Lass kommen, was kommt. Auf diese Weise wird alles, was unwahr ist zurückgelassen, und das Unendliche wird in Seiner herrlichen Pracht enthüllt.

Ich freue mich sehr für dich. Ich kenne die Wendungen und Biegungen dessen, was geschehen muss, wenn das Sein all die Lügen aufstößt. Es ist also ganz, ganz großartig. Wenn dir, durch das Vertrauen in deine eigenen Fähigkeiten, keine Spielzüge mehr bleiben, in diesem Augenblick wird alles möglich. Wenn dich alle Unterstützung verlassen hat, wirst du große Überraschungen erfahren. Glaube nicht, dass du den Weg zu deiner eigenen Erlösung kennst.
Wenn das Leben gütig genug ist, alles von dir zu nehmen, kann Reichtum jeder Art kommen! Nur jetzt hängst du von nichts mehr ab. Du hast aufgehört, ein Bettler zu sein. Selbst Reichtum bedeutet dir nichts. So ist der Pfad der Freien.

Imitiere Ramana nicht,
aber beherzige seine Worte
mit Vertrauen und Hingabe,
bis du dich selbst zu Hause wiederfindest.

Wandle im Licht deines eigenen Herzens.
Die Strömung eines jeden Flusses ist einzigartig.
Ich bin jenseits von Fluss und Strömung.
Ich bin ungebundenes Gewahrsein.

Schlafen, während man hellwach ist

Ich habe das Gefühl, dass ich verrückt werde. Wenn ich die Selbst-Erforschung durchführe, gibt es zwei, die übrig bleiben. Da bin ich, der Erkennende und da bin ich, der erkannt wird.

Das „Ich Bin", das all diese Dinge bezeugt, ist nur ein Faktor. Die Identität hat die Tendenz, von der Geschichte ihrer selbst zu erzählen. Aber jetzt ist das Licht, zum ersten Mal überhaupt, auf dieses Eine gerichtet worden. Was ist derjenige, der die Geschichte hat? Bist du an diesem Punkt angelangt?

Ich erkenne, dass ich nicht der Körper bin, aber ich identifiziere mich trotzdem mit ihm.

Okay, schenke demjenigen, der sich mit dem Körper identifiziert, ein wenig Aufmerksamkeit. Etwas identifiziert sich mit dem Körper und das nennst du dich selbst. Die Identifikation mit dem Körper erscheint als eine „ich" Identität und sagt: „Ich mache das …" Das wird auch gesehen. Deshalb muss das Sehen dessen auf einer tieferen Ebene stattfinden.

Da ist derjenige, der eine Geschichte übers Leben hat: „Mein Name ist Georg. Ich bin soundso alt und habe jene Nationalität." Es ist nicht der Körper, der die Geschichte von Georg erzählt. Aber da ist etwas, das an der Geschichte „ich bin der Körper" festhält.

Das ist ein Gedanke. Ein Gedanke erscheint, „ich bin der Körper" und dieser Gedanke erscheint als „ich". Das ist für dich die erste Identität. Es ist die Körperidentität, sie fühlt sich vertraut an.
Lass mich dir etwas sagen: Was auch immer es ist, das „ich" sagt, taucht aus der Quelle auf. „Ich" kann nirgendwo anders herkommen, als aus der Quelle selbst. Selbst das „ich" des Teufels kommt aus derselben Quelle.
Was zuerst aus der Quelle auftaucht, ist das Empfinden „Ich Bin". Diese „Ich Bin"-heit selbst wird als das göttliche Prinzip im Inneren der Form bezeichnet. Alle empfindungsfähigen Wesen haben dieses Gefühl „Ich Bin". Es ist in allen unverfälscht. Es ist gleichbedeutend mit Bewusstsein. Dann erwächst aus der „Ich Bin"-heit mithilfe des Instruments oder Vehikels, durch das es die Existenz erfährt und kostet, die Macht sich zu identifizieren. Diese Identifikation mit dem Körper zeigt sich auch als „ich". Im Gegensatz zum ursprünglichen „Ich", das rein ist, ist dieses sekundäre „ich", das mit dem Körper identifiziert ist, mit Eigennutz und Konditionierung beladen. Wenn dieses „ich" spricht „ich mag, ich bevorzuge … ich, ich, ich, ich", trägt es große psychologische Triebkraft und Schwere mit sich. Es ist dieses sekundäre „ich", mit dem du dich zu identifizieren scheinst. Etwas identifiziert sich mit diesem „ich", das sich am Gefühl „ich bin der Körper" festhält. Wenn es stark am „ich bin der Körper" Gefühl anhaftet, dann erscheint es als Persönlichkeit.
Stell dir ein schwingendes Pendel vor. Nehmen wir an, dass das Pendel deine Aufmerksamkeit ist. Am einen Ende ist das reine „Ich Bin"-heitsempfinden

und am anderen Ende ist das „ich bin ich" oder „ich bin der Körper" Empfinden. Wenn das Pendel zum „Ich Bin" Ende schwingt, ist da nur „Ich Bin". Der Geschmack deiner Erfahrungen ist der von Weiträumigkeit und Stille. Da sind Freude und Genuss an der Existenz. Vergnügen ist im Sein. Da ist Entspannung. Da ist Friede. Da ist ein natürlicher Fluss von Mitgefühl allem gegenüber, was in deine Umlaufbahn kommt. Wenn das Pendel zum „ich bin ich" schwingt – in die Zeit und wer ich als Identität bin – ist es lauter, anstrengend, urteilend, bedroht, anhaftend, angstvoll, träumend. Wenn es wieder in die „Ich Bin"-heit schwingt, ist der ganze Lärm verschwunden und deine Erfahrung ist so, als ob du einzig durch deine Augen wahrnehmen würdest. In diesem Sehen ist Freude. Es ist nicht persönlich.
Sri Nisargadatta Maharaj sagt es so schön. Er sagt:

Die „Ich Bin"-heit ist wie eine Tür,
die zu einer Seite in die Gesamtheit
der Manifestation schwingt
und zur anderen Seite in die Unendlichkeit.

Diese „Ich Bin"-heit ist dasselbe wie Bewusstsein. Aber selbst das Bewusstsein kommt und geht und ist nicht dauerhaft. Wenn die Tür aus Maharajs Aussage, die die „Ich Bin"-heit repräsentiert, gegenwärtig ist, erfährt Sie Manifestation. Du kennst das als den Wachzustand. Im Wachzustand ist Bewusstsein vorhanden und du hast das Privileg, das Potenzial des Bewusstseins zu erfahren, die Vielfalt. Im Tiefschlaf ist das Bewusstsein nicht da. Bewusstsein wird auch „Ich Bin" genannt, also ist „Ich Bin" verschwunden.

Der Körper ist verschwunden. Aber du bist in vollkommener Freude! Wenn du im „erfahrungs-freien" Zustand bist, befindest du dich in vollkommener Freude! Das ist der Zustand auf den sich Maharaj mit der Tür bezieht, die in die Unendlichkeit reicht. Wenn du dem überhaupt eine Überlegung schenkst, glaubst du irrtümlicherweise, dass dieser „erfahrungs-freie" Zustand ausschließlich dem Tiefschlaf angehört und dass er verschwindet, sobald Bewusstsein und Wachzustand zusammen mit den Erfahrungen wieder auftauchen. Sri Nisargadatta sagt nicht, dass die Tür verschwinden muss. Die Bedeutung seiner Bemerkung liegt darin, dass diese Unendlichkeit durch das „Ich Bin" selbst gekannt wird. Weil du dem Tanz der Erfahrungen auf der Leinwand des Bewusstseins deine volle Aufmerksamkeit schenkst, ohne auch nur etwas Aufmerksamkeit dem „Ich Bin" zu zollen, das dieses Spiel bezeugt, siehst du das nicht, und so kommt es letztlich, dass du dich unglücklich fühlst.
Keine Frage, wir sind in den Wachzustand verliebt, aber wir lieben auch den Tiefschlaf. Im Tiefschlaf bist du vollkommen verliebt, aber nicht in einem dualistischen Sinn, du bist in der Einzigkeit der Liebe (versunken). Alle Wesen lieben es, in dem Zustand zu sein, in dem es nicht einmal „ich" gibt. Und du liebst es auch!
Wie ich bereits sagte: Wenn der Wachzustand über diesen reinen Zustand kommt, glaubst du, dass dieser reine Zustand verschwunden ist, aber ich sage dir, dass er immer noch da ist. Diese Worte, die du mich sprechen hörst, strömen aus diesem reinen Zustand heraus. Manchmal wird auf diesen Zustand folgen-

dermaßen hingewiesen: Schlafen, während man hellwach ist.

Diese Wechselhaftigkeit ist auch Teil des Selbst, oder?

Alles ist Teil des Selbst. Die Wechselhaftigkeit ist auch Teil des Selbst. Du kannst das Selbst nicht unterscheiden. Du kannst nur die Erscheinungen unterscheiden, die im Selbst erscheinen. Aber du hast dich an die Erscheinungen gebunden, welche flüchtig sind, deshalb fühlst du dich instabil.

Die Liebe, die du für ein einzelnes Wesen empfindest,
könnte sich auf die ganze Welt ausdehnen,
ohne sich selbst zu erschöpfen.

Satsang ist der Spiegel des Selbst

Du sagst, dass der Zeuge abseits steht und alles betrachtet, was im Bewusstsein erscheint, aber mir scheint, dass der Zeuge und das Bezeugte gemeinsam auftauchen und deshalb nicht getrennt sind.

Das erscheint so, weil du vom phänomenalen oder persönlichen Zeugen sprichst. Der Zeuge, auf den ich hinweise, ist der reine Zeuge, der unpersönlich ist, und der sowohl von der Erfahrung als auch vom Erfahrenden unbeeinflusst bleibt. Der reine Zeuge geht über den Verstand hinaus und kann deshalb nicht im Verstand erscheinen. Es ist eher umgekehrt. Der Verstand erscheint im reinen Zeugen. Dieser persönliche Zeuge, von dem du sprichst, ist lediglich ein weiterer Aspekt des Verstandes.

Wie kann ich mich mehr in diesem reinen Zustand etablieren?

Es ist für „dich" unmöglich, dich Darin zu etablieren! Von Anfang an machst du bereits den Fehler, dich irrtümlicherweise selbst als eine autonome „ich" Entität zu identifizieren. Diese Idee „ich" ist bloß ein Gedanke, der im und als Verstand erscheint. Ein Gedanke kann sich nicht bemühen „Nicht-Gedanke" zu werden, wie es durch deine Frage angedeutet wird.
„Du", als unabhängiges Wesen, bist nichts als ein Konzept. Und du legst nahe, dass dieses Konzept

sich bemühen kann, das Absolute zu werden, die mühelose Wirklichkeit. Du kannst Das nur sein. Der reine Zustand, von dem du sprichst, ist nichts als dein Selbst. Du bist Das! Dieses Verstehen und Erkennen muss nachdrücklich im Innern gefestigt sein. Dann wirst du von selbst die Wahrheit kennen.

Also gibt es nichts, was „ich" tun kann oder tun müsste, um Das zu sein? Ich bin mir nicht sicher, ob ich mich vollkommen hoffnungslos oder erleichtert fühle, über das, was du gerade gesagt hast.

Wer fühlt sich erleichtert oder hoffnungslos? Bitte nimm dir gleich jetzt ein paar Augenblicke und kläre das für dich selbst. Schau nach innen; verfolge die Frage dahin zurück, wo sie herkommt. Sei nicht in Eile. Beginne damit, wirklich still zu sein und beobachte die innere Reaktion auf diese Frage. Noch einmal, wer fühlt sich hoffnungslos oder erleichtert?

Eine starke Beklommenheit ist irgendwo in meiner Brust.

Es ist also ein Gefühl im Innern gegenwärtig, und es wird als Hoffnungslosigkeit interpretiert. Was passiert, wenn du dich weder mit dem Gefühl identifizierst noch es beurteilst und stattdessen einfach das Gefühl da sein lässt? Im Augenblick richtest du deine Aufmerksamkeit auf das Gefühl und verleihst ihm Wichtigkeit. Aber jetzt bitte ich dich, die Aufmerksamkeit zu dem zurückzubringen, was sich des Gefühls bewusst ist. Schalte die Tendenz ab, nach außen in Richtung der Erfahrung zu gehen. Verbleibe einzig als das Gewahrsein selbst.

Hier ereignet sich nichts.

Genau! Nichts passiert. Damit das Geschehen erfahren werden kann, musst du hinausgehen in die Region der Körper-Verstand Aktivität. Gibt es irgendein Gefühl der Enttäuschung als Reaktion auf diese Entdeckung? Stellst du fest, dass du darauf wartest, was als Nächstes passiert?

Du hast meine Gedanken gelesen.

Für „das Nächste" wird der Verstand gebraucht. „Das Nächste" deutet an, dass die Aufmerksamkeit nach Vergangenheit, Zukunft, Aktivitäten, Empfindungen, Gedanken und so weiter jagt. Das alles wird gesehen und ihm wird durch den Verstand Wirklichkeit verliehen. Und der Verstand, als absichtliche und unabsichtliche Aktivität, wird wiederum auch gesehen. Identifiziere dich nicht mit dem Gesehenen; sei das ultimative Sehende, in dem all das stattfindet. Pass auf, dass du dir auch vom Sehenden kein Bild machst, denn auch das wäre eine Kreation des Verstandes. Sieh ohne Interpretation und Einbildung, dann verbleibt da nur Stille, nur Raum.

Wenn ich im Satsang bin ...

Das ist auch ein Gedanke. In dem Augenblick, wo du diesen Gedanken anfasst, kommt Satsang in die Zeit und wird vom Verstand in Geiselhaft genommen. In

Wahrheit ist Satsang nichts anderes als der Spiegel des Selbst. Und wann bist du nicht dein Selbst? Aus Gewohnheit streunt deine Aufmerksamkeit, mit der sich das Bewusstsein normalerweise identifiziert, ständig Objekte-erwerbend herum und ruht selten in ihrer Quelle. Wenn sich Aufmerksamkeit nach außen in Richtung Objekte wendet, wie z. B. zu Gedanken und Empfindungen, ist das Unaufmerksamkeit. Wenn die Aufmerksamkeit in der Quelle verbleibt, ist das wahre Aufmerksamkeit. Diese Aufmerksamkeit wird nach und nach mit der Quelle verschmelzen und eins mit ihr bleiben und gleichbedeutend mit der Quelle werden, die über Aufmerksamkeit und Unaufmerksamkeit hinausgeht. Sie ist namenlos und formlos. Sei Das!

Bist du immer in diesem Zustand?

Ja, ich verbleibe mühelos und natürlich als Das. Aber bitte verstehe, es gibt keine Entität, die den natürlichen Zustand erreichen und darin verbleiben könnte. Du bist bereits Das. Es ist das, was wir Sind. Das mit reinem Verstand und Herzen zu verstehen läuft auf inniges Sehen oder direkte Erfahrung hinaus und ist alles, was es braucht. Alles andere ist Illusion. Ich sage es dir unverfroren, weil du viele Zweifel unterhältst.

Dann müssen Zweifel auch Illusion sein.

Ja, und ebenso der Zweifelnde. *[lacht]*

Aus der Freiheit sehen

Dieses Jetzt, das gegenwärtig ist, das nicht einmal um das Konzept von „Jetzt“ weiß und in dem das Konzept von „Jetzt“ erscheint – ist das Frischeste! So frisch, dass es nicht notwenig ist, „Jetzt“ oder „Hier“ zu sagen. Der Verstand wird einfach selbst vom Subtilsten dekonstruiert.
Sieh aus der Stille! Sieh aus der Leerheit! In der Unmittelbarkeit deines eigenen Verstehens wirst du, als eigenständige Entität, ungeschehen gemacht. Dann siehst du nicht die Freiheit, du siehst von der Freiheit (aus). Du bist Freiheit. Phänomene können dich nicht gefangen nehmen.
Es gibt ein „ich“, das dem Verstand entspringt und das immer irgendetwas braucht. Es gibt die „Ich“ Intuition, die der Leere entspringt und die jenseits von Bedürfnissen ist; sie sieht nur. Und dann ist da dieser „ich“-lose Raum, in dem das „Ich“, das jenseits von Bedürfnissen ist, ebenfalls wahrgenommen wird.
Das alles ist gleichzeitig, als Eins.

Das Konzept ist nicht Wahrheit. Es ist nicht voll-
ständig – nicht genug.
Wenn das Konzept in dein Herz verschluckt wird,
wird aus dem Konzept Präsenz – es wird lebendig.
Es wird die kreative Energie des Göttlichen
und ergießt Wohlwollen auf die Welt.

MEINE ABSCHLIESSENDE FRAGE

Kannst du, der Wahrnehmende, gesehen werden? Wenn ich nur eine Frage hätte, würde ich dir diese stellen und ich werde sie dir immer wieder stellen. Es ist eine so mächtige Frage, dass du alles andere, was du je gehört oder gelernt hast, vergessen kannst, und sie wird dich nach Hause führen.

Wenn deine Existenz nur dazu da ist, deine Projektionen zu befriedigen, um Komfort und Objekte zu erlangen, um dir übernatürliche Tricks anzueignen, um die „vollkommene" Beziehung zu finden oder um in der materiellen Welt erfolgreich zu sein, dann ist diese Frage nicht für dich bestimmt und dann rate ich dir, woanders zu suchen. Aber wenn das Feuer in dir ist, deine eigene Buddha-Natur, dein eigenes Christus-Bewusstsein oder Krishna-Bewusstsein, dein ureigenes Selbst zu entdecken, dann kannst du dich davon nicht abwenden. Alles ist in dieser Frage enthalten. Alles andere ist zweitrangig.

Es ist nicht notwendig, zu versuchen, sich mit allen eins zu fühlen, die Welt als dich selbst zu erfahren, alle zu lieben. Das möge sich von selbst ausdrücken, aber bemühe dich nicht darum. Der Welt ein gedankliches Konzept von „Einssein" überzustülpen, nährt letzten Endes nur das Gefühl des „anderen". Es kann Arroganz im Schleier falscher Demut kultivieren. Um wirklich das Eine zu kennen, das der gesamten Schöpfung zugrunde liegt, musst du nur das tun: Finde heraus, wer du bist, jetzt sofort! Warum Zeit

verschwenden und diese kostbarste aller Offenbarungen aufschieben?
Kannst du die Vorstellung sein, die du von dir selbst hast, deine Bildung, dein Geschlecht oder deine Nationalität? Das, was von den Planeten beeinflusst wird, kannst du das sein? Diese Entdeckung ist genau in diesem Augenblick verfügbar. Ich frage noch einmal: Kannst du, der Wahrnehmende, gesehen werden? Selbst wenn man die Frage nur hört, ohne die Hilfe des Verstandes, tut sie ihre Arbeit – es findet eine Neuausrichtung der Wahrnehmung statt.
Du fragst, ob es für jemanden, der frei ist, Vergnügen gibt? Natürlich ist da Vergnügen. Vergnügen ist nicht das Monopol des Verstandes oder des Egos. Dein gesamtes Sein ist gleichbedeutend mit Freude.
Auf den niedrigeren Ebenen des Bewusstseins brauchst du ein Objekt, eine Beziehung, ein Ziel, ein Konzept, irgendetwas anderes außer dir, um dich zu erfreuen und das ist in Ordnung, weil das auch eine Art Freude ist, wenn auch eine begrenzte und kurzlebige. Aber in seinem wahrhaftigsten und höchsten Raum, erfreut sich das Selbst an sich selbst. Es erfreut sich an der Manifestation von allem, ohne sich selbst an irgendein Objekt oder Ziel zu binden. Diese Freude, die nicht *über* etwas besteht, ist die Freude der Freien. Und man kann sie nicht vergleichen, vermitteln oder sich vorstellen. Sie kann nur erfahren werden.
Tatsächlich sind alle Geschmacksvariationen der Freude, die du kennst und denen du nachjagst, in der einen Freude des reinen Seins verwurzelt, einschließlich der gegenwärtigen Freude, die du als „Werden“ erfährst. Wie kann irgendeine Freude getrennt sein,

wenn Freude die eigentliche Natur der Existenz ist? Der Unterschied zwischen der Freude der Freien und der der Gebundenen besteht darin, dass die Freien keinem „Ding“ oder Gefühl nachlaufen; noch gehen sie zu irgendeinem Gefühl von „andere(r, s)“, da die Empfindung von „andere(r, s)“ erfahrungsgemäß als eigenes Selbst erkannt wird. Wohin sollte man also gehen und was sollte man nachjagen? Diese, den Freien innewohnende Freude, vergeht niemals.
Wir haben so viele Konzepte erlernt, die der Wahrheit nicht dienen, die wir sind. Das ist alles. Es ist ein einfaches Missverständnis. Was wird das Ergebnis dieses Erkennens sein, wenn das gesehen wird? Ununterbrochene Ruhe und Stille. Ununterbrochene Freude. Solche Freude, dass sogar Leid in ihr auftauchen kann, ohne sie zu überschatten; wo Irritation, vorübergehender Ärger, jegliche Emotion sich zeigen, aber nicht verweilen kann. Diese Freude umfasst das unendliche Potenzial und den unendlichen Ausdruck des Seins.
Durch die eigenen vorgestellten Beschränkungen brechend, verkündet die ununterbrochene Freude sich selbst als Du, hier und jetzt.

Es ist nicht wichtig originell zu sein;
es ist nur wichtig, wahr zu sein.

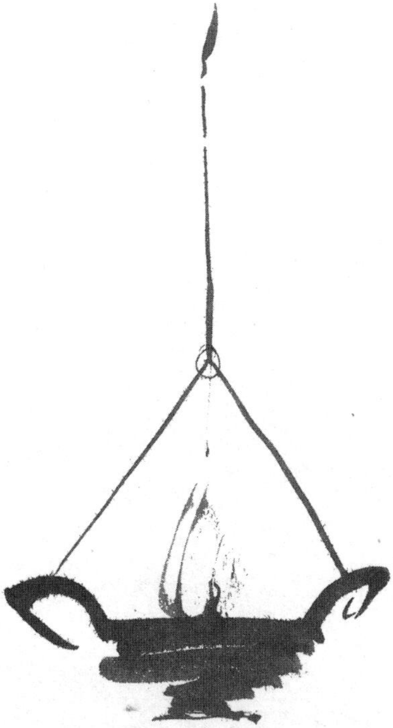

Atem des Absoluten

In der Bibel heißt es: „Am Anfang hat Gott den Menschen aus Schlamm und Wasser geformt und ihm dann Leben eingehaucht und der Mensch wurde lebendig." Was ist der Mensch also, Körper oder Atem?

Beides. Das Vehikel für den Geist wurde aus der Erde geformt. Als das vollendet war, atmete das Höchste Wesen in die unbewegliche Form und sie wurde lebendig. Sie fing an, als biologischer Körper und denkendes Wesen zu funktionieren – ein psychosomatisches Wesen – eine Ganzheit. Es ist hier in der Bibel wunderschön ausgedrückt. Der Atem Gottes ist die Lebenskraft, die sich selbst im Empfinden „Ich Bin" verkündet – das Bewusstsein – „Ich existiere". Nur daraufhin konnte das Wissen über das Sein erscheinen. Demzufolge ist das Empfinden „Ich Bin" der Atem des Absoluten.

Aber du sagst, dass das Absolute über den kreativen Prozess hinausgeht.

Ja, allerdings entspringt die ganze Manifestation einzig daraus. Zunächst muss sich das Bewusstsein, das fließende Sein, manifestieren. Es benötigt einen Körper, um Seine Gegenwart zu verkünden und um sich auszudrücken. Wenn der Körper hinreichend vorbereitet worden ist, bringt sich der intelligente Pilot, das „Ich Bin" Bewusstsein, zusammen mit dem Atem oder der Lebenskraft in Position und das Potenzial für ein harmonisches und intelligentes Funktionieren wird in Bewegung gesetzt. Deshalb muss auf das Absolute als Quelle der ganzen Manifestation hingewiesen werden, obwohl es das Erscheinen des Manifesten nicht absichtlich verursacht und obwohl Es selbst nicht verursacht ist. Bewusstsein und die Lebenskraft zusammengenommen sind der Atem Gottes. Ich nehme mir hier die Freiheit, von Gott als dem Absoluten zu sprechen.

Von welcher Position aus sprichst du?

Reines Verstehen taucht aus dem Intellekt des manifesten Absoluten auf. Es ist das Kind (Bewusstsein) Gottes; die intuitive Erkenntnisfähigkeit des Universums erscheint im Körper eines Menschen.

Wenn dem so ist, könntest du sagen, dass du Gott bist?

Das „Ich Bin“ ist auch Gott. Nicht in einem abgesonderten oder selbstherrlichen Sinn, nicht persönlich, aber da Gott der Einzige ist, der Sich Selbst durch die Intuition oder die Erkenntnis – „Ich Bin“ – im Körper eines jeden empfindungsfähigen Wesens verkündet, kann niemand abseits von Ihm existieren. Die Person hat ihr Sein in Gott, da Gott all durchdringend ist – Er ist das einzige empfindungsfähige Wesen. In Indien stößt die Aussage „Jiva ist Shiva“ auf Unbefangenheit und Akzeptanz. Hier bezieht sich „Jiva“ auf das Individuum und „Shiva“ auf das Höchste Wesen.

Der Begriff „Gott" ruft in mir viele unangenehme Assoziationen hervor.

Du kannst stattdessen den Begriff „Bewusstsein" verwenden.

WER IST MOOJI?

Das ist meine erste Satsang-Erfahrung gewesen. Ich habe viel von „Wer bin ich?" gehört. Deshalb ist meine Frage: „Wer ist Mooji?"

Wer Mooji ist? *[lacht]* Mooji ist der Ausdruck dessen, was unendlich ist, wie jeder Mensch. Das unendliche Sein drückt sich in jedem Körper aus, nicht nur in menschlichen Körpern, sondern in jedem empfindungsfähigen Wesen – das ist es, was ich bin. Es wird innerlich als das Gefühl „Ich Bin", „Ich existiere" wahrgenommen. Und dieses „Ich" bedeutet in Wirklichkeit reines Bewusstsein. Irgendwie identifiziert sich dieses Bewusstsein mit dem Körper, den es benötigt, um sich auszudrücken und um sich selbst zu erfahren. Die Identifikation mit dem Körper wird Mooji genannt oder John oder Susan.

Aus welchem Land kommst du? Vielleicht ist das keine reine Bewusstseinsfrage, aber es ist etwas, das viele Leute gerne wissen würden.

Für mich ist das alles Bewusstsein. Selbst die Person ist Bewusstsein und ebenso der Körper. Alles, was du siehst, hörst, riechst und schmeckst, betrachte ich als Form des Bewusstseins. Es schließt alles ein. Aber um auf deine Frage zurückzukommen, woher ich bin, ich komme aus Jamaika.

Warst du mit der Spiritualität Jamaikas vertraut?

Ja, es ist unmöglich, es nicht zu sein. Wir sind von Spiritualität durchtränkt, wenn du es so nennen willst. Jamaika ist hauptsächlich ein christliches Land. Es heißt, dass es bei uns pro Quadratkilometer mehr Kirchen oder Andachtsstätten gibt, als sonst irgendwo auf der Welt. Wir fühlen uns also sehr, sehr wohl mit dem Glauben an Gott und damit, eine Beziehung zu Gott zu haben.

Gibt es neben dem Christentum auch eine spirituelle Verbindung mit der Natur?

In Jamaika haben wir eine angeborene Verbundenheit mit dem Land; es gibt nicht das Gefühl, dass es separat ist. Die Kraft der Natur wird intuitiv im Innern gespürt, aber nicht auf kultivierte Art, sondern auf ganz natürliche Weise. Was ich meine ist, dass wir uns des Konzepts der Spiritualität nicht bewusst sind. Ich habe in Jamaika das Wort „Spiritualität" nicht einmal gehört.

Nein, nein. Das ist ein neuer, westlicher Weg.

[Mooji lacht]

Und dann bist du nach England gezogen. Warum hast du dich entschieden zu gehen?

Es war eher die Annahme einer Einladung zu kommen, als eine Entscheidung zu gehen. Meine Mutter lebte bereits in England. Sie hatte Jamaika verlassen, als ich ein kleines Kind war und so erinnerte ich mich nicht an sie. Als ich ungefähr fünfzehn war, fing sie an, mir Briefe zu schreiben. Ich spürte, wie sie in mein Bewusstsein zurückkehrte, als ob etwas im Innern eine lange verlorene Wahrheit anerkannte: „Ich habe eine Mutter." Ich hieß das zutiefst willkommen. Als sie mich besuchen kam, war das mein erstes bewusstes Zusammentreffen mit ihr. Sie kam in der Absicht, mich nach England zu holen und eröffnete mir die Idee, Jamaika zu verlassen.

Es muss eine große Veränderung gewesen sein, in England anzukommen. Hast du dich mit der Art, wie die Dinge dort waren, wohlgefühlt?

Ich musste mich sehr schnell anpassen. Ich musste mich an ein anderes Klima anpassen, an eine andere Kultur, aber in diesem Alter wird man damit spielend fertig.

Es gab in England nicht das sonnige Wetter Jamaikas, aber hast du in den Menschen, die dich damals umgaben, Wärme gefunden?

Ich hatte sehr großes Glück. Als ich in London ankam, war mir, als ob ich in eine warme Umarmung getreten wäre. Meine Mutter gehörte der Kirche der Siebenten-Tags-Adventisten an. Die Kirchengemeinde stellte einen liebevollen Förderkreis dar. Es schien, als wäre ich in der häuslichen Umgebung, aus der ich gekommen war. Die Leute waren sehr freundlich, einladend, umarmend und fürsorglich. Das machte die Dinge sehr viel einfacher.

Wann wurdest du in die Advaita Philosophie eingeführt?

Das war nicht vor 1993. Aber davor, 1987, fand eine große Veränderung statt, bezüglich der Art, wie ich mich selbst und das Leben wahrnehme. Es geschah durch meine Begegnung mit einem Mann, namens Michael. Damals arbeitete ich regelmäßig als Künstler und malte, färbte Glas und schuf Skulpturen. Eines Tages kam ich nach Hause und meine Freundin sagte: „Da stand ein junger Mann draußen, der sich dein gefärbtes Glas im Fester angeschaut hat. Er möchte dich treffen." Irgendwie wurde er zu mir geführt.

Du hattest das Gefühl, dass er zu dir geführt wurde?

Nicht sofort, aber dann sah ich es so. Er war auch Künstler und da ich eine Ausstellung vorbereitete, lud ich ihn ein mitzumachen, was er auch tat. Aber er war sehr distanziert. Es fühlte sich eher so an, als ob er nur mich in dem unterstützte, was ich tat.
Einen Sonntag kam er vorbei und wir sprachen über Gott, Glauben, Schicksal, Tod und alles andere, worüber ich Klarheit haben musste. Ein tiefes Empfinden von Friede und Zufriedenheit war da. Als er ging, fragte ich ihn: „Michael, wenn du wieder betest, betest du dann auch für mich?" „Na ja", antwortete er, „warum beten wir nicht gleich jetzt?" Er war diesbezüglich ganz direkt und unmittelbar. Ich stimmte zu und er legte seine Hand auf meine Schulter und fing an zu beten. Ich erinnere mich nicht genau, was er betete, aber sobald er sein Gebet been-

det hatte, kamen diese Worte aus meinem Mund: „Ich bin offen dafür, bitte hilf mir." Ich erzähle diese Geschichte oft, weil genau an diesem Punkt etwas in meinem Innern geschah.

Kannst du beschreiben, was passiert ist?

Na, wir umarmten uns gleich nach dem Gebet, dann sagte er „Auf Wiedersehen" und ging leise. Ich fühlte mich ganz besonders glücklich. Es war einfach ein wunderbares Gefühl von Glück da und Wärme in meinem Herzen.

Kannst du das besonders glückliche Gefühl beschreiben?

„Besonders glücklich" bedeutet glücklich, nicht mit Aufregung, sondern mit Stille. Wie auch immer, ich fühlte mich müde und ging deshalb früh zu Bett. Als ich am nächsten Morgen aufwachte, schien die Sonne durch einen Spalt in den Vorhängen; ein Sonnenstrahl mit all den kleinen Staubkörnchen, die darin schweben. Es war, als ob ich die Sonne nie zuvor gesehen hätte. Ich dachte bei mir: „Schau dir das an!" Ich schaute auf die Sonne und spürte sie gleichzeitig in meinem Innern. Es war wunderschön.

Fühltest du dich als Teil davon?

Es war ein inneres Gefühl süßer Freude, als ob ich wirklich zum ersten Mal sehen würde – etwas Frisches. Allem gegenüber gab es eine liebliche Süße. Ich fühlte eine Leichtigkeit und Weichheit in mei-

nem Körper und im Sein, als ob ein Dimmerschalter der Sensibilität aufs Maximum hochgedreht wurde. Da war dieses kribbelnde Gefühl, als ob ich an ein geheimnisvolles elektrisches Reich angeschlossen worden wäre. Es war in keiner Weise erschütternd, es war einfach eine wunderbare Vibration im Innern. Ich fühlte mich sehr still und ruhig. Ich erinnere mich deutlich an alles. Diese Empfindungen blieben den Tag über bei mir und darüber hinaus.
Innerhalb einer Woche nach dem Gebet mit Michael entstand tiefer Friede in meinem Herzen, der mich nie mehr verlassen hat.

Wow.

Ja, ich habe dafür niemals etwas getan. Er war einfach da.

Ich glaube, viele Menschen sehnen sich danach.

Ja. Ja. *[Stille]*

Was passierte dann?

Kurz darauf fing ich an in dieselbe Kirche zu gehen, die Michael besuchte. Sie war im Wohnzimmer von jemandem.

War es eine christliche Kirche?

Ja, voller lieber junger Leute. Dieser Ort hatte definitiv etwas an sich. Die Energie war sehr intensiv; eher intensiv als schön. Leute sprachen in Zungen. Ich ging da eine Weile hin. Aber nach kurzer Zeit fühlte ich mich mit der Art unwohl, wie in dieser Kirche gepredigt wurde. Es war sehr begrenzt.

Inwiefern war es begrenzt?

Da war ein sektiererisches Gefühl. Christen gegen Moslems – einige fundamentalistische Ansichten. Wenn jemand nicht in seiner Wahrheit gegründet oder sich seiner nicht sicher war, konnte er indoktriniert werden. Das zog mich nicht an. Ich war bereits in die Vertrautheit hier hineingezogen *[zeigt auf seine Brust]* und ich bezog mich darauf als Gott. Ich war gewohnt, mit Gott so zu sprechen, wie wir jetzt sprechen, zwanglos. Meine Erfahrungen waren darin enthalten. Es waren Gott und ich und wir leben hier, in diesem Körper und Herzen. Also verließ ich die Gruppe. Ich spürte, dass mich eine Kraft von ihnen wegzog.

Hat dir, abgesehen von Michael, ein anderer Ratgeber geholfen?

Nein, die Verbindung mit Michael brachte mich zur Führung im Innern. Als sich diese Führung offenbarte, brauchte ich keinen anderen Führer mehr. Diese innere Kraft eröffnete mir einige sehr unmittelbare Einsichten und Erfahrungen. Für mich waren das Wunder, weil ich wusste, dass sie nichts mit meiner Cleverness, meinen früheren Erfahrungen oder irgendwelchen Projektionen zu tun hatten, da ich all dem gegenüber vollkommen frisch und neu war. Das Gefühl war, dass ich auf eine Art innere Reise geschickt wurde. Dann begann sich vieles zu ändern; innen wie außen. Wie ich den Körper erlebte, die Kleidung, die ich trug, meine Haare, alles änderte sich.

Kannst du das ein bisschen beschreiben?

Mir war danach, mein Haar in Rastalocken wachsen zu lassen. In meinem Land war das damals ein Zeichen dafür, dass du aus der Gesellschaft aussteigst.
Üblicherweise war deine Familie nicht zufrieden mit dir, weil damit deine Karriere und Zukunft dahinging. Deshalb hat das alles ein paar alte persönliche Erinnerungen, Glaubenssätze und Konditionierungen hochgebracht, aber die innere Kraft hielt mich bei der Stange.

War neben einer inneren auch eine äußere Kraft am Werk?

Nein, für mich gibt es nichts Äußeres. Alles entsprang diesem inneren Drang und ich kooperierte einfach damit.
Ich gab auch meinen Beruf auf und beendete eine schwierige Beziehung.

Hattest du keine Ängste, als du deinen Job aufgabst?

Nein, es war eine Erleichterung. Es mag einige vorübergehende Bedenken gegeben haben, aber es war bereits etwas hier, das mächtiger war, als all die Zweifel – es machte alles leichter.

Die Satsangs, die du gibst, sind sehr stark mit denen der indischen Meister Ramana Maharshi und Papaji verwandt. Wie hast du Indien kennengelernt?

Etwa zu dieser Zeit las ich zum ersten Mal die ganze Bibel. Ich war nicht gewohnt Bücher zu lesen. Wenn ich bis dahin ein Buch dabei hatte, dann war es wegen seiner Bilder. Ich war für beeindruckende Worte und hohes Denken nicht empfänglich. Nach einiger Zeit war da ein innerer Drang, mehr darüber herauszufinden, was vor sich ging. Da fing ich zu lesen an. Kurz nachdem ich die Bibel zu Ende gelesen hatte, entdeckte ich ein Buch über einen indischen Heiligen namens Sri Ramakrishna. Es war eines der ersten Bücher aus einer anderen Kultur, das ich entdeckte. Als ich begann, über das Leben dieses großen Heiligen zu lesen, fingen die Tränen an zu fließen. Ich spürte eine riesige Erleichterung. Ich war so glücklich. Sri Ramakrishna war Hindu, ein Verehrer der Göttin Kali. Sein Verhalten war sehr stark im Einklang mit der Hindu Tradition: Puja, Mantras und rituelle Verehrung. Aber ich fand seine Sprache vollkommen universell. Auf diese Weise gab mir Ramakrishna die Erlaubnis, das anzunehmen, was sich von selbst in meinem Innern offenbarte – das Erkennen, dass es nur die eine Quelle gibt und dass alle Unterschiede Ihr Ausdruck sind. Ich spürte das intuitiv, aber ich musste jemanden, eine vertrauenswürdige Autorität, bestätigen hören, was sich in meinem Herzen kundgetan hatte. Ramakrishna hatte diese Macht.

Konntest du das damals mit irgendjemandem teilen?

Manche der Erfahrungen versuchte ich mit ein paar ausgesuchten Leuten zu teilen, aber das funktionierte nicht. Es war nicht die Zeit dafür. Niemand konnte verstehen, was ich erlebte. Niemand, keine einzige Person konnte es verstehen. Ich fand auch, dass das, was sich für mich entfaltete, schwer in Worte zu fassen war. Für einige Zeit war ich körperlich nicht einmal in der Lage zu sprechen.

Hast du dich dann allein gefühlt?

Damals hatte ich mehrere Freunde, die mich besuchen kamen, aber sie brachten eine gesellige Energie mit sich. Etwas bewegte sich jetzt davon weg. Ich konnte nicht länger auf angenehme Weise mit ihnen zusammen sein. Das alte „ich" fühlte sich aus dem Innern herausgeschöpft und durch eine stille Präsenz ersetzt, die keinen Umgang benötigte. Egal, wie sehr „ich" es versuchte, ich konnte mich mit keiner Stimme mehr verbinden, die mich an der Vergangenheit festmachte. Das brachte eine vorübergehende Traurigkeit mit sich. Jedoch war die innere Kraft so stark, dass diese Empfindungen schnell verschwanden. Ich fühlte mich vom Göttlichen besessen und liebte jeden Augenblick. Da war wenig Raum für etwas anderes. Manchmal ging ich spät abends spazieren, oft mehrere Stunden lang in der pechschwarzen Nacht, völlig mit der wunderschönen, glückseligen Präsenz aufgeladen.

Hast du damals meditiert?

Nein, ich wusste nichts über Meditation. Manchmal verbrachte ich die ganze Nacht am geöffneten Fenster und schaute in den offenen Himmel. Es gab ein paar große Eichen hinter meinem Haus. Ich saß oft einfach in meinem kleinen Zimmer und beobachtete wie die Blätter sanft im Wind flattern. Zu anderen Zeiten starrte ich in den Abgrund meines inneren Seins. Das ganze Universum war erfüllt mit müheloser Freude. Alles war Freude. Schlafen gehen, da war Freude; träumen, da war Freude; aufwachen, da war Freude. Jede Handlung, da war Freude! Ich konnte aus dieser Freude oder diesem Frieden nicht herauskommen. Es und ich waren eins – untrennbar!

Und das ist immer noch so?

Ja.

Und dann hast du Papaji getroffen?

Ja, ich ging 1993 mit der Absicht nach Indien, Sri Ramakrishnas Ort zu besuchen, obwohl er nicht mehr im Körper war.

Wo ist das?

In Kalkutta, ein Tempelgarten in Dakshineswar. Ich fand, dass Ramakrishnas Lebensgeschichte so schön und mit sehr viel Atmosphäre in *The Gospel of Sri Ramakrishna* beschrieben war, dass ich dort hin wollte. Aber ich habe es niemals geschafft.
Ich kam mit keinen anderen Plänen nach Indien, als Dakshineswar zu besuchen. Abgesehen von Klei-

dung und etwas Geld hatte ich nichts dabei, nicht einmal eine Landkarte. Ich ging zuerst nach Delhi und nach ungefähr zehn Tagen wurde mir ein bisschen langweilig. In meiner Herberge sah ich ein Schild „Bustouren nach Rishikesh“. Der Gedanke kam: „Ah, Rishikesh! Das hört sich nach einem heiligen Ort an.“ Ich ließ praktisch mein gesamtes Gepäck im Hotel zurück und ging. Ich hatte vor, dort das Wochenende zu verbringen und dann nach Delhi zurückzukehren. Aber ich kam nicht zurück. Ungefähr sechs Monate später war ein Freund beruflich in der Stadt und sammelte meine Habseligkeiten für mich ein.

Während meines Aufenthalts in Rishikesh, hatte ich eine zufällige Begegnung mit drei Anhängern Papajis, die nur für eine Nacht da waren. Ich hatte noch nie von Papaji oder von einem zeitgenössischen indischen Meister gehört. Sie beharrten darauf: „Du musst Papaji treffen! Du musst Papaji treffen!“ Sie luden mich ein, mit ihnen nach Lucknow zu reisen, wo Papaji lebte, aber ich war nicht bereit. Deshalb gaben sie mir die Adresse und gingen. Sobald sie jedoch gegangen waren, spürte ich, dass meine Zeit in Rishikesh vorbei war. Plötzlich war es an der Zeit, auch zu gehen. Statt direkt nach Lucknow zu fahren, ging ich jedoch zuerst in die heilige Stadt Varanasi, für zehn Tage.

Schließlich traf ich Papaji Anfang November 1993.

[Lange Stille]

Es war mein erstes Treffen mit einem Guru.

Aber du hast auch einige Gurus in Rishikesh getroffen, oder?

Nein, ich habe viele Sadhus gesehen, aber dabei nichts gespürt.

Hast du Papaji sofort als deinen Guru erkannt?

Da war das Erkennen, dass er ein Meister ist, aber ich spürte nicht, dass er mein Guru war. Und ich suchte auch nach keinem. Ich erlebte Gott als meinen Vater, Führer und meine Quelle in mir; deshalb war das Konzept, einen „Guru" zu brauchen zu dieser Zeit nicht in mir vorhanden. Ich spürte keine besondere Verbindung zu ihm. Das kam später. Nichtsdestotrotz spürte ich in seiner Gegenwart eine natürliche Ehrfurcht, wie ich sie noch nie bei einer anderen Person erlebt hatte. Die Erregung, die sich in seiner Gegenwart in meinen Körper bewegte, war eine Überraschung.

Bevor wir hier weitermachen, kannst du ein bisschen mehr über die indische Terminologie erklären und welcher Zusammenhang zwischen Ramakrishna, Papaji und Ramana Maharshi besteht? Viele Leute wissen nicht viel über sie.

Im Allgemeinen werden die meisten Menschen, die man in Indien orange gekleidet sieht, Sadhus genannt. Es sind Mönche und für gewöhnlich ziehen sie von Stadt zu Stadt oder zu heiligen Stätten, abhängig vom Wetter und dem spirituellen Kalender des jeweiligen Jahres. Dann gibt es welche, die Hei-

lige genannt werden. Sie haben Gott in der ein oder anderen Form erkannt und die meisten von ihnen sind von ihrem Hintergrund und Temperament her hingebungsvoll. Und dann gibt es etwas, das „Jnani“ genannt wird, ein vollkommen Selbst-verwirklichtes Wesen, das die Ego Identifikation transzendiert hat.
Sri Ramakrishna ist ein Jnani und gleichzeitig ist er ein großer Verehrer oder Bhakta der Göttin Kali (ein an die Göttin Kali Hingegebener). Es gibt viele Anhänger von Ramakrishna in Indien.
Sri Poonja oder Papaji wird als lebender Buddha betrachtet, als Jnani oder voll erwachter Meister der Wahrheit. Auch sein Hintergrund ist der der Hingabe. Sein eigener Guru ist Sri Ramana Maharshi. Wir sind hier in unmittelbarer Umgebung von Ramana, in Tiruvannamalai. Dieser Berg, den du vor uns siehst, ist der heilige Berg Arunachala und er wird als die Verkörperung von Lord Shiva selbst angesehen, dem Höchsten Bewusstsein im Hinduismus. Er wird auch sehr stark mit Ramana Maharshi in Verbindung gesetzt. Tiruvannamalai ist für die Anhänger des Advaita Vedanta, dies ist die Philosophie oder der Weg der Nondualität, einer der bedeutendsten Orte in Indien. Die Philosophie der Nondualität vermittelt, so gut es Worte vermögen, die Wahrheit, wie sie in denen lebendig ist, die Sie verwirklicht haben. Was sie erfahren ist, dass alles von einer Wirklichkeit ausgeht und dass sie selbst eins Damit sind.

War Advaita für dich die Theorie dessen, was du bereits gespürt hast?

Nein, anfänglich während meiner Zeit in London gab es noch das Empfinden von mir und Gott, auch wenn Gott in mir gespürt wurde und es die Intuition gab, dass es nur einen Gott aber viele Ausdrucksformen gibt. Dieses Gefühl ist heute noch gegenwärtig, aber das Empfinden von Einssein ist auch da. Beide Blickwinkel sind gleichzeitig vor dem Hintergrund reinen, unbewegten Gewahrseins gegenwärtig. Das Sehen und Verstehen tauchen in der Leere auf. Manchmal habe ich das Gefühl, das ich Gottes Diener bin oder Gottes Verehrer und dann wieder fühle ich, dass es überhaupt keine Trennung gibt. Da ist nur ein beständig freudvolles Empfinden im Innern.

Hast du noch irgendetwas gelesen, als du Papaji trafst und in Advaita eingeführt wurdest?

Als ich dem ersten Kuss von Innen folgte, las ich ein bisschen, aber als ich Papaji traf, war die Energie zu lesen nicht sehr ausgeprägt. Die Worte, die von ihm ausströmten, aus seinem eigenen Mund, waren eindringlicher, als alle Worte auf einer Seite. Diese lebendigen Worte waren genug, sie hatten Kraft.

Hat Papaji dich erwartet, als du ankamst?

Er hat mich nicht persönlich erwartet. *[lacht]*

Manchmal hört man diese Geschichten von Leuten, die sagen: „Er hat mich erwartet. Er wusste, dass ich komme!“

Ja, machmal kamen Leute zu Papaji und hatten das Gefühl, dass Papaji sie erkennen und sagen würde: „Aha, du bist gekommen!“ Aber Papaji ignorierte sie völlig; ihre Egos wurden vollkommen zerschmettert.

Also erkannte er sie?

Nun, er erkannte ihr Ego! Klaps! *[lacht]*

Und dein Ego?

Oh ja, ganz bestimmt.

Hat er dein Ego erkannt?

Nein, nein. Um genau zu sein, sieht er überhaupt keine Egos, Egos bersten in seiner Gegenwart. Um ein Ego zu sehen, musst du ein Ego sein. Seine Augen sind nicht so niedrig, um Egos zu sehen. Seine Augen sind rein, deshalb kann er kein Ego sehen.

Aber Papaji ist gestorben, richtig?

Nein, Papaji stirbt nicht.

Er ging aus seinem Körper.

Jemand hat mich einmal gefragt: „Wann ist dein Meister gestorben?“ Ich habe geantwortet: „Der Meister stirbt niemals; es ist der ‚Mister‘ der stirbt, aber der Meister, dieses Prinzip, kann niemals sterben.“ Papaji, so wie ich ihn in meinem Herzen kenne, ist dasselbe wie mein eigenes Selbst oder dein eigenes Selbst – das Formlose. Ich weiß, dass das viele Menschen nicht verstehen. Sie denken: „Natürlich ist er gestorben. Sein Körper ist nicht mehr da." Das ist Unsinn! Du stirbst niemals. Du kannst nicht sterben. Niemand stirbt. Niemand stirbt jemals.

Und wie lange warst du bei Papaji?

Nicht so lange, das erste Mal 1993 vielleicht viereinhalb bis fünf Monate. Dann kam ich 1994 zum ersten Mal hierher nach Tiruvannamalai und verbrachte zwei Monate in der Nähe von Ramanas Ashram, bevor ich wieder nur für ein paar Wochen zurück zu Papaji ging. Zuletzt sah ich Papaji 1997 in seinem Körper. Ich blieb weitere vier bis viereinhalb Monate bei ihm. Einen Monat nachdem ich nach London zurückgekehrt war, hat er seinen Körper verlassen.

Und was geschah in der Zeit mit Papaji?

Eine gute Zeit bevor ich Papaji traf, war ich fast immer in einem ständigen Zustand der Glückseligkeit, der Freude, der Wunder. Aber es war nicht immer ganz reibungslos, manchmal kam das Ego hoch, es konnte sehr garstig sein und dann wusch diese wundervolle Kraft wieder alles Elend weg.
Seit der ersten Begegnung mit Michael, als wir gemeinsam beteten, ist mein Erleben der Phänomene subtiler geworden. Die materielle Welt bestand nicht mehr einfach aus Ziegeln und Steinen, Felsen und Wasser. Ich nahm die gesamte Welt energetisch wahr. Aber als ich Papaji traf, fing das Gefühl der Leere an. Mein Verstand leerte sich von den weltli-

chen Referenzen. Sie waren unbedeutend. Da waren stille Freude und Friede, aber die Verbindungen verblassten. Die Geschichten starben.

Wann hast du also realisiert, dass Papaji dein Guru ist?

Das Erkennen kam an dem Tag, als ich ihm im Satsang zu Füßen saß, während er öffentlich und für alle hörbar meinen Brief vorlas. Mein Körper hatte gezittert, bevor ich nach vorne ging, aber trotz allem waren meine Reaktionen überraschend. Papaji antwortete auf meinen Brief, als eine plötzliche Wut in mir aufkam. Sie kam aus heiterem Himmel. Ich fühlte mich beleidigt, missverstanden und vor allen lächerlich gemacht, trotz der Tatsache, dass ich eigentlich nicht hören konnte, was er sagte! Es schrillte laut in meinem Kopf und das löschte seine Stimme aus. Ich wollte einfach weg. Ich habe ihn in diesem Augenblick nicht gemocht, nicht im Geringsten. Mein Verstand rebellierte: „Du bist nicht mein Guru. Ich nehme deinen Rat nicht an. Nur vor einem Meister wie Ramana werde ich mich niederwerfen." Die einzigen Worte, die durch diesen lautstarken Ärger durchsickerten, waren: „Damit die Hingabe vollkommen ist, musst du vollständig verschwinden." In diesem Augenblick wies ich jede Idee davon zurück, dass er mein Guru ist.

Nach dem Satsang beschloss ich, Lucknow für immer zu verlassen. Ich spürte, dass diese Erschütterung genau das war, was ich brauchte, um mir auf die Sprünge zu helfen. Es war ein sehr heißer Tag, deshalb machte ich beim Packen eine Pause, um in der nahegelegenen Einkaufsgegend spazieren zu gehen. Ich setzte mich unter einen Baum, immer noch sehr aufgebracht darüber, was vorher passiert war. Nach einer halben Stunde oder so stand ich auf und machte mich in Richtung Zuhause auf. Etwa zwanzig weitere Schritte war ich noch in diesem aufgewühlten Zustand des Verlorenseins versunken. Dann der nächste Schritt! Es war, als ob sich eine dunkle, schwere Wolke hob und alles in meinem Kopf mit sich nahm. Da war nichts! Ich konnte keinen Bezug zu mir selbst finden. Ich konnte mich selbst nicht finden oder überhaupt irgendein „Selbst"! Da war nur Leere. Natürlich konnte ich meinen Körper sehen, meine Hände, aus irgendeinem Grund ganz besonders meine Handflächen, aber sie hatten nichts mit einem „Selbst" zu tun, sie gehörten nicht zu mir. Es gab keine Erinnerung, keine Zeit, keine bedeutungsvollen Verbindungen. Ich konnte nichts finden, das sich so anfühlte wie: „Okay, zumindest das gibt es." Nichts existierte. Es gab nur unvorstellbaren Raum und unendliche Stille. Nach ein paar Minuten, höchstens eine Viertelstunde später, spürte ich Papajis Gegenwart überall einziehen, aber nicht getrennt von dem, was ich bin. Dann spürte ich zum ersten Mal eine ungeheure Liebe für Papaji. In diesem Augenblick traf ich meinen Meister.

[Stille]

Augenblicklich fing ich an, auf sein Haus zuzulaufen, das fast eine Meile entfernt war. Meine Füße fühlten sich so an, als ob sie den Boden nicht berüh-

ren würden, es war vollkommen mühelos. Da war großer Friede und zur selben Zeit floss eine merkwürdige Aufgeregtheit durch meine Adern, dennoch „passierte“ im Innern eigentlich nichts.
Ich erinnere mich an nichts danach. Es war, als ob mein Verstand aufhörte, im Namen meines Egos aufzuzeichnen. Seitdem ist es immer so.

Hast du je mit Papaji darüber gesprochen?

Nein, er wusste es.

Erinnere die Welt nicht daran,
dass sie gebunden ist oder leidet.

Erinnere die Welt daran,
dass sie schön ist und frei.

EINE ANMERKUNG ZUM ARUNACHALA

„Om Arunachaleswaraya Namaha"

Für tausende von Jahren haben sich Weise, Heilige und Sucher der Wahrheit am Arunachala versammelt, der nahe an der südindischen Stadt Tiruvannamalai in Tamil Nadu gelegen ist. Der erste Hinweis auf diesen Berg findet sich in der Rig Veda, in der Passage, die vom gewaltigen Kampf zwischen Vishnu und Brahma erzählt, um zu bestimmen, wer der Größere war. Shiva, der von der Zurschaustellung der Illusion und des Egos angeekelt war, manifestierte sich als eine Lichtsäule ohne Anfang und ohne Ende, um zu zeigen, dass er allein der Höchste Herr war. Von dieser Vorführung der Omnipotenz gedemütigt, bat Vishnu darum, dass Shiva, als diese Lichtsäule, als Lingam (Symbol des Höchsten Absoluten) auf Erden manifestiert werde. Und so entstand Arunachala.

In der *Arunachala Mahatmyam* (von der Skanda Purana) wird gesagt, dass der Berg so heilig ist, dass allein das daran Denken einen zur Realisation der Wahrheit führt. Im selben Text steht geschrieben, dass während Kailash die Wohnstätte Shivas ist, ist Arunachala die Verkörperung von Shiva selbst, manifestierte Weisheit, und das ist ein großes Geheimnis – da nur diejenigen, denen es nach Befreiung dürstet, von Ihm hören werden. Das erklärt, warum er, verglichen mit anderen Shiva Pilgerstätten, weitgehend unbekannt geblieben ist, trotz des hohen

Ansehens, dass er bei den Anhängern des Advaita Vedanta hat.
Aufgrund Seiner Hingabe und Liebe an den Berg als das Selbst, aufgrund Seiner Übersetzung der Heiligen Schriften und Seiner dem Arunachala gewidmeten Schriften und Lieder wird Sri Ramana Maharshi als dafür verantwortlich angesehen, dass die Nachricht dieser Göttlichen Manifestation der Öffentlichkeit und dem Westen zugänglich ist. Seine eigene Übermittlung der Wahrheit wurde, wie die des Berges, durch die stille Präsenz vollzogen. Er sagte von Seinem geliebten Satguru (Arunachala): „Nur um Deinen Zustand ohne Sprache zu offenbaren, stehst Du als Berg, von der Erde zum Himmel scheinend."

Weiterführende Details
über Moojis Arbeit und Progamm:
www.mooji.org

Mooji auf YouTube:
www.youtube.com/user/moojiji

Das Verlagsprogramm von NOUMENON:
www.noumenon-verlag.de

[BÜCHER, DIE ES SONST NICHT GEBEN WÜRDE ...]

JEFF FOSTER

EINE
AUSSER-
GEWÖHNLICHE
ABWESENHEIT

€18,90
196 Seiten
Hardcover

ISBN
978-3-941973-06-0

„Es liegt in der Natur der Stille, dass sie nicht in Konflikt mit dem Leben steht, und wenn wir uns dem Zustand der Konfliktlosigkeit öffnen, dem Zustand innerer Unbewegtheit, beginnen wir, in die Gnade einer anderen Dimension des Seins zu fallen – einer Dimension, die tief in der Intimität unseres eigenen Lebens und der Existenz selbst verwurzelt ist."

„Du hast es dein Leben lang gespürt. Du hast immer gewusst, dass etwas in dir ist, das danach sucht, geboren zu werden. Du weisst, dass etwas in dir durchbrechen und sein will, etwas, dass weit über deine Vorstellungskraft hinausgeht.

Jeder spürt das im Innern. Aber es dem Leben zu erlauben, sich auf diese Weise auszudrücken, mit solcher Unbekümmertheit, das verlangt wahre Hingabe an das Unbekannte ..."

NOUMENON